내 생애 첫 중국어

유지현의 이지차이나 3분중국어
내 생애 첫 중국어

초판 1쇄 인쇄 2018년 12월 3일
초판 1쇄 발행 2018년 12월 10일

지은이   유지현
펴낸이   최영민
펴낸곳   북앤로드
인쇄   미래피앤피
디자인   홍민지

등록번호 제406-2015-31호 (2015년 3월 27일)
주소   경기도 파주시 신촌2로 24
전화   031)8071-0088
팩스   031)942-8688
이메일   pnpbook@naver.com

ISBN   979-11-87244-35-6 (13740)

· 북앤로드는 피앤피북의 임프린트 명입니다.
· 이 책의 어느 부분도 저작권자나 발행인의 승인 없이 무단 복제하여 이용할 수 없습니다.
· 파본 및 낙장은 구입하신 서점에서 교환하여 드립니다.

스마트폰에 QR코드 어플을 내려받고 실행시킨 다음,
QR코드에 대 주십시오.

> 들어가는 말
> Prologue

중국어야, 반갑다.

외국어를 공부할 때 우린 일반적으로 발음 공부하고, 단어 외우고, 문장 읽고, 해석하고, 언제 닥칠지도 모를, 아니 영원히 내게는 닥치지 않을 수도 있는 '상황별 회화'를 배워서 열심히 연습하고 외우고… 이런 식으로 무작정 본론으로 들어가지요? 그 언어의 특징이나 구조와 같은 것은 접어 둔 채로 말입니다.

그렇게 책을 한 권 끝내면 내 실력도 그만큼 늘었다고 착각을 하곤 합니다.

간절히 그렇게 믿고 싶어 합니다. 가르치는 분들도 그렇게 가르치고, 배우는 분들은 더군다나 그대로 따라 갈 수밖에 없는 상황이지요.

이 방법이 틀렸다는 얘긴 아닙니다만, 이런 작업은 중국어의 기본 구조와 문장의 틀을 정립해 둔 상태에서 진행을 해야 할 부분입니다.

지피지기면 백전백승이라고 했습니다. 이 말은 만고불변의 진리입니다. 외국어의 언어 구조와 기본 틀을 이해하고 그 언어에 접근하면 훨씬 더 빠르고 흥미롭게 언어를 습득할 수 있습니다.

우리와 가까운 거리에 있고 같은 한자를 사용하는 나라, 중국의 경우는 특히나 더 그렇습니다. 언어 특징과 기본 구조를 제대로 이해하고 학습을 시작하면 백전백승할 수 있습니다.

'이지차이나 3분중국어'의 《내 생애 첫 중국어》에서는 중국어의 본론으로 들어가기에 앞서, 우선 중국어라는 언어의 특징과 우리 한국인들이 중국어를 배울 때 어떤 점이 쉽고 어떤 점에 주의해야 하는지 등, 한국어와 중국어와의 비교, 또한 영어와 중국어와의 비교 등을 통해 우리에게 생소한 외국어인 중국어에 가급적 쉽게 접근할 수 있는 방법을 모색하고 난 뒤, 본론으로 들어가서는 중국어의 기본 구조, 문장의 틀을 하나씩 잡아나가도록 하겠습니다.

《내 생애 첫 중국어》에서 생각하는 우리 한국인이 중국어에 접근하는 가장 바람직한 자세는 중국어에 맞서 싸워 이기고 정복해내겠다는 전투적이고 공격적인 자세가 아닌 중국어와 평생 함께 할 좋은 친구가 되고자 하는 우호적이고 진지한 관심에서 출발하는 것이라고 생각합니다.

중국어의 특징을 제대로 알고 본론으로 들어간다면 중국어는 싸워 이겨야 하는 적이 아닌 우리의 충성스런 친구가 되어줄 것이 분명하기 때문입니다.

이제부터 하나씩 확인해 가면서 알게 되시겠지만, 진심으로 중국어는 우리 한국인이 배우기에 세상에서 가장 쉽고 간단한 언어이며 중국어는 결코 우릴 배신하지 않습니다. 그저 정확한 발음을 배우고, 정확한 발음을 들으면서 단어를 반복해서 큰 소리로 많이 읽고, 그렇게 익숙해진 단어를 올바로 연결하면 문장이 됩니다. 그 단어의 올바른 연결 방법은 바로 "우리말 순서와 똑같이! 단, 목적어 부분(~를)만 문장 맨 뒤로 보내면 된다!" 이것입니다.

이렇게 완성된 문장을 정확한 발음과 성조로 반복해서 큰소리로 자꾸 읽다보면 외우려고 애쓰지 않아도 어느새 자연스럽게 내 것이 되어버린 답니다. 우리가 유행가 가사를 자꾸 읊조리다 보면 나도 모르게 외워지는 것처럼 말이죠.

중국어에 관심이 없으신가요? 용기가 없는 건 아닐까요? 과거에 실패했던 경험 때문에

외면하고 싶은 건 아닐까요? 아니면 새롭게 도전한다는 것에 대한 막연한 두려움은 아닐까요?

걱정하지 마세요, '이지차이나 3분중국어'의 《내 생애 첫 중국어》에서는 이 모든 것이 해결되니까요.

'이지차이나 3분중국어'의 《내 생애 첫 중국어》강좌는 네이버에 '이지차이나 3분중국어'를 검색하시면

'차이나랩 포스트'에서 확인하실 수 있으며 무료 중국어 동영상과 더불어 카드노트 형식의 무료교재와 음성파일을 함께 제공해드리고 있습니다. 이 강좌는 매주 목요일, 네이버와 중앙일보가 함께 만든 '네이버 중국'판 메인페이지에도 게재됩니다.

또한 '네이버티비'에서 '이지차이나 3분중국어'를 검색하시면 유지현 선생님의 동영상 강의 전 강좌(발음편, 회화편)를 구독하실 수 있습니다.

이지차이나 3분중국어의 《내 생애 첫 중국어》는 영상을 처음부터 순서대로 보면서 따라 하기만 하면 신기하게도 중국어의 체계가 잡히고 말문이 트이는 기적의 학습법이라고 감히 단언할 수 있습니다.

많은 분들의 열화와 같은 성원과 요청으로 《내 생애 첫 중국어》교재를 세상에 내놓게 되었습니다. 한 번 체험해보세요, 후회하지 않으실 거예요. 이제 모든 준비를 마치고 당신을 기다리겠습니다. 후회 없는 선택, 망설이지 마세요, 바로 당신을 위한 중국어강좌입니다. 미리 말씀드리지만 중국어는 우리말과 참으로 많이 닮았지만, 우리말처럼 그만큼 복잡하지 않습니다. 이것이 중국어가 정말 쉽고 고마운 이유입니다. 자, 그럼 이제 중국어에 대해 하나씩 알아볼까요?

유지현 선생님 강의 후기

뚱띠

저는 원래 파고x에서 4개월 정도 수강을 하고 HSK4급을 취득했었는데

가끔 수업시간에 배운 것들 중에서 이해가 가지 않은 문법들이 많이 있었습니다.

그러다가 이번 9월에 중국으로 교환학생을 가게 되어 회화학원을 알아보다가

유지현 선생님의 이지차이나를 알게 되었고

처음 틀을 전부 잡아주면서 설명해 주시는데

"와 이게 이런 의미를 가지고 있어서 이렇게 쓰이는구나." 라며

몇 번을 감탄했는지 모르겠습니다.

오직 점수만을 위해서 보이는 문법만 가르쳐주시는 것이 아니라

하나의 이야기처럼 설명해주시기 때문에

이해도 잘되고 '중국어가 이렇게 재밌는 언어였구나'라는 생각을 가지게 되었습니다.

오늘도 수업 듣는데 제가 얼마나 얕게 중국어공부를 했었는지 알 수 있었습니다.

교환학생으로 가기 전에 유지현선생님을 알게 된 건 진짜 행운인 것 같아요!ㅎㅎ

제 지인들이 중국어 배우고 싶다고 하면 꼭 선생님을 추천해 드릴 거예요!ㅎㅎ

앞으로 남은 시간동안 더 열심히 배워야겠어요.

더 빨리 알았더라면 좋았을 텐데

그래도 남은 기간 동안 열심히 배워야겠습니다!ㅎㅎ

유지현선생님 강력하게 추천합니다.

멸치

너무 재미있게 듣고 있어요. 혹시 평생회원은 없나요?

다른 인강도 몇 군데 들어봤지만 유쌤 강의가 가장 기억에 남아요.

저는 57세인데요. 벌써 무릎연골이 다 닳아서 관절치료 받으면서 수영을 하고 있어요.

수영 끝나고 별도로 물속에서 무릎연습을 1부터 500까지 중국어로 세고

한 손으로 100까지 세는 연습을 하다 보니 이제는 천까지도 셀 수 있을 것 같아요.

1부터 500까지 세면 딱 15분 걸리는데 뭐 다른 것 외울 것 추천해 주실 수 있나요?

중국어가 간절한 이유는 둘째며느리가 중국인인데 며느리가 한국말을 할 수 있어서

의사소통은 되지만 사돈끼리 대화가 안 되서 내가 열심히 배워야 하거든요.

좋은 방법 있으면 가르쳐 주세요.

베드민턴여신

안녕하세요? 중국어회화를 처음으로 맘 잡고 초급에 발을 들여놓았습니다.

우연히 무료강좌를 발견하게 되어 지금은 설레는 맘으로 수업에 임하고 있습니다.

3번째 듣고 있는데 들을 때마다 놓치고 있는 부분들과 다시 확인학습이 되는

부분들을 점검하면서 공부하자니 재미있습니다.

인터넷을 뒤져 유지현 선생님의 이지차이나 무료강좌를 접하게 되었습니다.

포기하지 말고 선생님이 제안하신대로 5번은 들을 생각입니다.

언어는 배워두면 사는 데 많은 도움이 된다는 것을 경험상 알고 있으니까요.

초보자 여러분들! 우리 모두 힘냅시다. 지피지기면 백전백승입니다.

포기하지 않으면 언젠가는 뭔가가 보일 것이라 믿고 오늘도 강좌 들으러 들어갑니다.

정확히 발음할 때까지 반복하며 재미있게 배우고 있습니다. 늘 감사합니다.

선생님! 재미있게 보고 있습니다.

늘 긍정적이시고 웃으며 격려해 주셔서 감사합니다.

홍보대사로 나서 보겠습니다. 짜요! 짜요! Go For It ! 건강하세요. 감사합니다.

조이영

안녕하세요. 선생님. 중국어 공부를 어떻게 시작하면 좋을지

인터넷에서 검색하다가 이지차이나 추천 받고 왔어요.

좋은 강의를 무료로 올려주셔서 감사합니다.

무료로 동영상을 보는데 강의노트까지 다 챙겨주시면서 응원해주시니

감사할 따름입니다.

이제껏 중국어를 배우기 어려운 언어로만 생각했는데

첫 번째 강의에서 선생님께서 한국인이 배우기 쉬운 언어라 단언하시는 걸 보면서

열심히 배워야겠다고 결심했어요.

무엇보다 선생님께서 강의하시는 방식이 전혀 지루하지 않고, 흥미로워서

집중하게 됩니다.

아직 영상 1개만 봤는데 오늘 밤에 몇 개 더 보면서 공부할 생각입니다.

정말 감사합니다.

이지차이나로 열심히 공부해서 실력 쑥쑥 늘고 싶네요.

항상 건강하시고, 평안하세요.:)

박소현

안녕하세요, 브라질에 사는 박소현이라고 합니다.

이름은 여자 같지만, 남자입니다. ^^;;

지금 만으로 49세이니 한국에서는 50인 늦깎이 학생입니다.

얼마 전부터 중국어를 접하면서 열심히 흉내를 내고 있는 중입니다.

제가 사는 브라질의 변두리에는 중국인들이 참 많거든요.

그들과 대화할 목적으로 중국어를 익히기 시작했습니다.

그간 한 책을 선택해서 날마다 30여분씩 읽으며 한자(간체자)를 익혀서,

지금은 50~60% 정도 병음 없이도 한자를 읽고 있지만,

말을 하는 데에는 아직 어눌하기만 합니다.

브라질의 시골에서 배우다보니 포르투갈어로 설명을 들으며 배웠습니다.

그게 중국어를 배우는 데 좀 헷갈린 면도 있고 해서

얼마 전부터 유튜브에 나오는 동영상들을 보며 궁금증을 해소하고 있었습니다.

그러다 유 선생님의 이지차이나 동영상도 보게 되었구요.

초급반의 영상을 보기 위해 가입을 하지는 않았지만,

3번째 동영상을 보면서 제가 가지고 있었던 의문점이 해소되었습니다.

쉽게 쉽게 설명해 주고, 또 호탕하게 웃으시는 모습이 보기 좋습니다.

좋은 일 하고 계십니다.

땅 위의 어느 곳에서인가 유 선생님의 이지차이나에서 유익을 얻고 있는 사람이 있다는 것을 알아주시기 바랍니다.

건강하세요, 찌아요~!

오수

빈 인사말이 아니라 정말로 동영상강좌 훌륭합니다.

이미 소문내서 미국 뉴욕에 통역관으로 있는 우리 딸도

서울에 사는 동생이랑 친구 몇도 홀딱 빠져 있지요.

이미 나이 먹어, 유럽 등 세계 어디든 배낭여행이 취미인데

최근 몇 년 사이 국내에서도 그렇지만

특히나 싱가포르 갔다가 차이나타운에서 영어 한마디 못하면서도

전혀 배우려하지 않고 인해전술로 당당히 버티는 중국 사람들을 보면서

그들을 이기기 위해서가 아니라 우리자신을 지키기 위해서라도

다시 옛날처럼 우리가 '기브 미 초코렛, 기브 미 껌' 하면 안 되니까.

적어도 한국 사람들은 전국민이 중국어를 배워야하고 가르쳐야한다고 생각했답니다.

시끄럽고 고상하지 않고 어려워 보이는 중국어.

외국어를 좋아하는데도 시작이 쉽지 않았는데

정말 본 강좌를 접한 것은 행운입니다.

단언컨대 유지현선생의 이 무료강좌는 애국이고 자선입니다.

계속해서 끝까지 많은 수강생들을 놓지 마시고

여전히 지금처럼 재미있으면서도 똑똑하게 가르치시어

수강생과 유선생님 모두 함께 성공하기를 진심으로 부탁하면서 믿겠습니다.

목마른 모든 사람에게 길잡이가 되어 주십시오. 시작이 반!

그 시작을 훌륭히 도와주신 것은 이미 전부를 도와주신 셈.

건강과 함께 경제적으로도 커다란 성공과 보람 함께 있으시기를 기원합니다.

조성미

중국어를 항상 공부해야지 해야지~ 하다가

처음부분만 하고 포기하고를 여러 번 했습니다.

그렇다고 기초가 튼튼한가... 아니었습니다.

그때뿐 돌아서면 잊어버리고 사실 잘 이해를 못했었던 거 같습니다.

이번에도 이곳저곳을 다니며 강의를 듣다가 우연히 유지현 선생님의 강의를 보게

되었는데 한번 본 강의인데도 내내 잊혀지지 않았습니다.

머리에 뭔가 띠~~~잉~~하는!!!

다음날 찾았죠.

첨엔 이름도 몰라서 어떻게 검색했다가 나왔나... 더듬더듬... 찾다가

유지현 선생님의 이름을 알게 되고 이지차이나를 알게 되었습니다.

사실 중국어 학원 다니기엔 비용이 부담스럽고 형편도 안 되서

거의 맛보기 3편 정도씩 무료 샘플 보고 다녀도 별 감흥이 없었는데

유지현 선생님 강의는 내가 돈내고라도 듣고 싶다는 생각이 들었죠.

다른 강의랑 확실히 달랐어요!

강의 듣고 뭔가 실타래가 풀리는 느낌...

중국어 접근방법이나 풀이가 완전 다르고 이해가 쏙쏙 되고 마음에 확~ 와닿았어요!

이분 강의면 포기하지 않고 끝까지 공부할 수 있겠다는 자신감과

점점 이해가 되니까 재미있어졌어요!!

근데 무료강의... 모든 게 무료.ㅜㅜ 감동적일 수밖에 없었습니다.

목표도 생기고 이제 파이팅도 넘칩니다!

너무너무 감사한 마음에 제가 할 수 있는 건 후기 남기는 것뿐이네요.

정말 정말 감사합니다~~

구록

70고개를 문턱에 둔 나이에 이런 횡재도 있습니다.

세상을 살면서 이득이라고는 본적이 없이 어리석게만 살아 온 사람에게도

살다보니 이런 행운도 만나는군요.

왜놈들이 조선인을 무시했던 것보다 더 소수민족을 깔보고 업신여기는

한족의 오만함이 싫어 공부가 마음에 있었어도

30여 년간 망설여 왔었습니다.

그러다가 시대가 그렇지 않은지라 한어 코빼기라도 구경하고저

어디에 배우러 갔다가 이건 아니다 라는 생각이 들었습니다.

여럿이 담소하며 그 얘기를 하였더니 어느 지인이 이곳을 알려주었습니다.

구름이 지나가듯 1회 동영상을 보았는데

참으로 명쾌하고 훌륭하였습니다.

한마디로 속이 시원하였습니다.

우선 말로만 인사드리오나

기회가 닿으면 술 한 사발을 정중히 대접하겠습니다.

유 선생님!

이 세상 잘 마치시고 먼 훗날 모순이 없는 극락 천당에 꼭 가시기를 기원하겠습니다.

두루 두루 평안하십시오 !

키메로

이지차이나는 중국어를 공부하기 원하는 사람에게 있어서

국내에서 가장 좋은 최고의 강좌입니다.

게다가 무료강의

지금까지 어학관련 무료 앱이 무수히 많이 있었지만

거의 가 다 몇 개의 상황별 대표 회화문을 제시해주고

무조건 암기하라는 식으로 되어있지

이렇게 체계적으로 동영상으로 강의를 하면서 무료로 제공하는 앱은 없었습니다.

더욱이 스몰 스텝의 원리 등

다양한 학습원리가 적용된 강의라 저절로 머리에 쏙 들어오고

오랫동안 기억도 잘됩니다.

이지차이나와 만난 것이 큰 영광이며,

이것 하나이면 여행에 필요한 간단한 중국어는 충분히 가능할 것으로 생각합니다.

이지차이나의 발전을 기원합니다.

대단히 감사합니다.

곽다예

안녕하세요, 저는 올 9월 학기에 국비장학금으로 중국 상하이의
한 대학 대학원 박사 반에 진학을 앞두고 있는 곽다예라고 합니다.
유지현나라에서 뽀포모포를 시작한지 내년이면 10년차가 되네요.
유지현 나라에서 이지차이나 중국어를 배우기 시작하여 중문과로 진학하고,
중국 청도대학교 중문학과에서 복수학위도 하며, 북경대학교 중국어교육학과에
진학, 석사학위를 받기 까지 짧지 않은 세월이 흘렀습니다.
유지현선생님께서야 뭐 두말할 나위도 없이 그때도 이미 대단한 선생님이셨지만
오늘의 유지현나라와 이지차이나를 보니 정말 격세지감을 느낍니다.
9년 전 제가 중국어를 시작할 때만 해도 전자사전은 커녕
육중한 종이 중한사전을 들고 다니며 공부를 했었는데…
그런데 지금은 이렇게 좋은 사이트에 동영상 강의까지 있고 공부 방법도
많이 변하고 발전한 걸 보니 세월의 흐름이 실감납니다.
처음 중국어를 접한 건 고1 겨울 방학이었어요.
일주일에 두 번, 한 시간씩 놀며 배우며 했던 중국어가
지금은 저의 꿈이 되고 미래가 되었네요.
저는 공부를 필사적으로 하는 편도, 열혈 학생도 전혀 아니지만
이렇게 중국어를 10년 가까이 놓지 않고 꾸준히 할 수 있었던 건
유지현나라의 이지차이나 공부법을 몸에 익혔기 때문인 것 같아요.
중국어와 중국에 대해 편견 없이 오롯이 중국어 자체를 몸에 익히게 해주시고,
늘 지지하고 응원해주시는 내 중국어 멘토 유지현선생님이 있어서 참 좋습니다.
중국어와 중국을 사랑하며, 유지현나라를 방문해주시는 모든 분들이
영원한 나의 중국어 멘토가 되어줄 분을 만났다는 말씀을 꼭 드리고 싶네요.
공부 방법은 선생님께서 워낙 잘 알려주시니 생략하고,
우리 오래토록 중국어와 함께 합시다!

일리노이주립대학 중국어 전공생 김장훈

저는 미국 일리노이대학에서 중국어를 전공하고 있는 유학생입니다.

약 1년 정도 미국 대학에서 중국어를 배우고 난 뒤, 중국어를 조금 더 깊게

배워보고 싶은 마음에 소문은 익히 들어 본지라

2018년 여름방학에 한국 들어가서 유지현 선생님을 찾아갔죠.

미국 대학에서 중국어를 공부할 때, 중국 원어민 선생님들 중에 제가 뭐가 이해가

안 되는지 어떻게 하면 더 원어민처럼 발음 할 수 있는지 설명해 주시는 분은 없었어요.

그런데 이번에 유지현 선생님께서 모든 면에서 저를 발전시켜 주셨어요.

무슨 언어든 그렇겠지만, 저는 중국어 문법이 유달리 앞뒤가 안 맞는다는 생각을

많이 했었는데 선생님의 명쾌한 설명으로 제 가려웠던 곳이 말끔히 해결됨은

물론 얼마나 중국어를 이해하는데 도움이 많이 되는지,

진즉에 왜 유지현쌤을 안 찾아왔는지 후회가 될 정도였어요.

유지현 선생님 가르치시는 실력이야 두 말 하면 잔소리지만 수업할 때의 카리스마와

열정은 진짜 반하지 않을 수가 없습니다.

이건 제가 보장해드릴 수 있어요.

비록 꾸준히 지속적으로 다닐 수 있는 요건이 안 돼 방학 동안 밖에 유지현 선생님

강의를 듣지 못해 안타깝지만,

이번 여름방학은 제가 대학에서 중국어를 배웠던 1년여 기간보다 몇 배 더 값졌다고

자신있게 말할 수 있는 3개월이었어요.

그리고 미국과 한국의 다른 여러 곳에서 중국어를 배워 본 사람 입장으로서,

중국어를 배우시려는 분들,

고생하지 마시고 유지현나라에 오셔서 더 쉽게 중국어를 이해하고 재밌게 배우시면

인생에 큰 도움이 될 것 같아요!

차례

들어가는 말 · 3
유지현 선생님 강의 후기 · 6

CHAPTER 1

실전 1강	우리말 순서와 같이! 목적어만 뒤로	· 24
실전 2강	엄마가 들으시니?	· 30
실전 3강	할머니가 들으셨니?	· 36
실전 4강	지현아, 너 나를 봐라!	· 42
실전 5강	도전! 중국어 문장 만들기 1	· 48

CHAPTER 2

실전 6강	난 그녀를 안 만나요	· 56
실전 7강	난 그를 안 만났어	· 62
실전 8강	하지 마세요~ 삐에로!	· 68
실전 9강	중국어라서 고마워요!	· 74
실전 10강	아니, 벌써 이게 가능하다니	· 80
실전 11강	도전! 중국어 문장 만들기 2	· 84

CHAPTER 3

실전 12강 난 학생이에요 · 92
<특수동사 3종 세트 1 '~이다' 是 shì>

실전 13강 너 남동생 있어? · 98
<특수동사 3종 세트 2 '~이(가) 있다' 有 yǒu>

실전 14강 시간이 없어요! · 104
<특수동사 有의 부정 '~이(가) 없다' 没 méi>

실전 15강 지금 너 집에 있어? · 110
<특수동사 3종 세트 3 '~에 있다' 在 zài>

실전 16강 질문 있어 없어? · 116
실전 17강 특수동사 3종 정리정돈 · 122
실전 18강 실전테스트 · 126

CHAPTER 4

| 실전 19강 | 돈이 생겼어 | · 136 |

CHAPTER 5

실전 20강	형용사(어떠하다)를 소개합니다!	· 146
실전 21강	바빠졌어요	· 152
실전 22강	형용사의 영원한 벗, 很!	· 158
실전 23강	형용사의 부정	· 164
실전 24강	결국 단어 위치가 모든 것이다!	· 170
실전 25강	형용사술어 종합점검	· 176

CHAPTER 6

실전 26강	내 것은 여기에 있다	· 184
	<중국인이 가장 애용하는 단어 '的 de' 1>	
실전 27강	그녀가 만나는 친구는 좋니?	· 190
	<중국인이 가장 애용하는 단어 的 de 2>	
실전 28강	그들은 좋은 것을 사지 않아	· 196
	<중국인이 가장 애용하는 단어 的 de 3>	
실전 29강	돈 없을 땐 오지 마!	· 202
	<중국인이 가장 애용하는 단어 的 de 4>	

CHAPTER 7

| 실전 30강 | 뭘 원하세요? | · 212 |

마무리 하는 말 · 218

부록
- HSK 1급 어휘 (성조별, 품사별 정리) · 224
- 발음성조편 · 232

CHAPTER 1

실전 1강	우리말 순서와 같이! 목적어만 뒤로
실전 2강	엄마가 들으시니?
실전 3강	할머니가 들으셨니?
실전 4강	지현아, 너 나를 봐라!
실전 5강	도전! 중국어 문장 만들기1

胖子不是一口吃的。
Pàngzi bú shì yì kǒu chī de.

뚱보는 한 입 먹어서 된 것이 아니다.

한국 : 한 술 밥에 배부르랴. 천리 길도 한 걸음부터. 티끌 모아 태산 등

챕터 1 요약

모름지기 외국어를 공부할 때 전제 되어야 할 것은 '틀'과 '통'입니다.

첫째로 그 언어의 원리를 알고 '틀'을 바로잡은 후

둘째로 그 틀에 입각하여 문장을 스스로 만들 줄 알아야 하며

셋째로 통문장을 많이 보유하고 있을 것.

넷째로 단어와 문장을 정확한 발음과 성조에 따라 제대로 듣고

또박또박 읽고 자연스럽게 입 밖으로 술술 나오게 할 것.

그러면 그 언어는 내 것이 될 확률이 매우 높아지지요.

즉, 원리도 구조도 뜻도 모르면서 무조건 통문장만 많이 외워둔다고

해서 외국어를 잘 할 수 있는 것이 아니라는 것입니다.

위의 순서대로 공부해 본 적이 없다면 이제 중국어를 이러한 순서대로

접근해보세요.

생각지도 못했던 놀라운 결과가 당신 앞에 펼쳐질 테니까요.

자, 그럼 저를 믿고 따라오시기 바랍니다. 중국어의 세계로

안내해드릴게요~

🔊 목표

이 챕터의 모든 단어와 문장을 정확한 발음과 성조에 따라 제대로 듣고
큰소리로 또박또박 읽고 자연스럽게 입 밖으로 술술 나오게 하겠다.
중국어의 기본 어순을 익히고 의문문(~니?/~까?),
과거문(동작의 과거 '~했다'), 명령문과 권유문(~하세요/~합시다)의
표현방법을 정확히 숙지하고 해당 단어의 위치를 반드시 기억해서
활용하겠다.

🔍 유지현의 학습 포인트

아이들이 말을 배우듯, 우선 귀로 듣고 입으로 말하는 게 중요합니다.
유지현의《내 생애 첫 중국어》는 눈으로 보기만 하는 책이 아닙니다.
귀로 듣고 입으로 따라 말하는 책입니다.
발음과 성조에 자신이 없는 분들은 우선 다양한 채널을 통해
무료로 제공되고 있는 발음성조편 동영상과 음성 파일을 통해 제대로
들으며 정확하게 따라하고, 자연스럽게 말이 나올 수 있을 때까지
무한 반복 시청, 청취하시기 바랍니다.

부록편에 유지현선생님 직강의 발음성조편 동영상 강좌와
함께 보실 수 있는 교재를 수록해두었으니
발음성조가 자신 없는 분은 반드시 활용하시기 바랍니다.

꼭 기억하십시오. 안다고 그냥 넘어가지 마세요.
이해만 하고 넘어가서도 안 됩니다.
노력하지 않고도 정확한 발음이 저절로 술술 나올 수 있게 반드시
동영상을 보면서, 음성파일을 들으면서 모든 문장을 큰 소리로
읽어야 합니다.

그것이 이 [CHAPTER 1]의 미션입니다!

🔍 핵심

중국어의 기본 틀(단어의 연결 순서)은

[누가/무엇이 + 어쩐다/어떠하다]입니다.

행동의 주체가 앞에, 행동이 뒤에 옵니다. 우리와 같지요. 그렇습니다.

이미 언급했듯이 ['~를'로 대표되는 '목적어 부분'을 문장 맨 뒤로 보내는 것]만 빼고는, 중국어는 우리말과 기본적으로 단어연결순서가 완전히 같습니다.

중국어를 잘 하는데 특별한 비법이 있는 것은 아닙니다.

다만

1. 올바른 발음을 배워서
2. 그 발음대로 단어를 배우고
3. 그 단어들을 올바른 순서대로 연결하고
4. 자연스럽게 말해낼 수 있을 때까지 무한 반복하면

  누구나 중국어를 잘 할 수 있습니다.

내 생애 첫 중국어

실전 1강
우리말 순서와 같이! 목적어만 뒤로

01

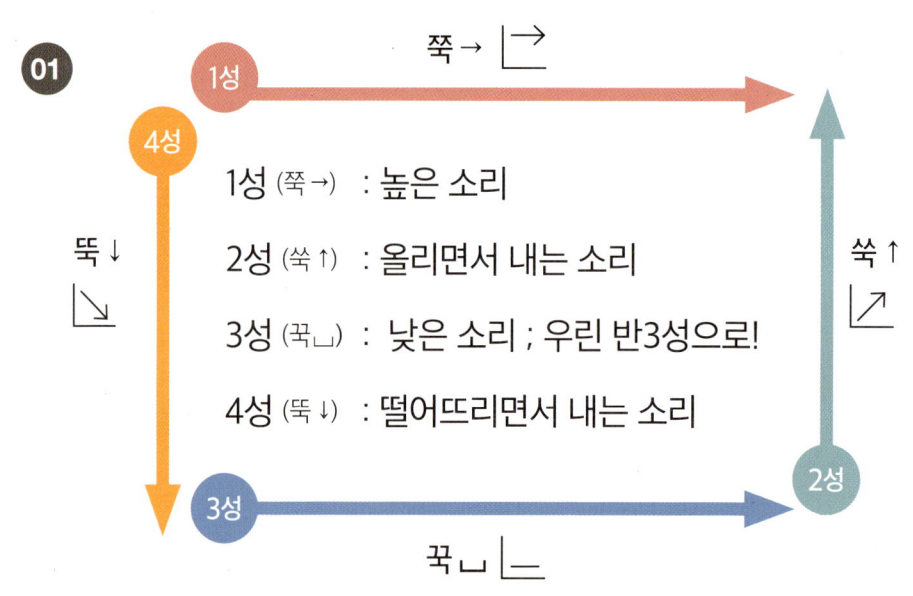

1성 (쭉→) : 높은 소리

2성 (쑥↑) : 올리면서 내는 소리

3성 (꾹ㄴ) : 낮은 소리 ; 우린 반3성으로!

4성 (뚝↓) : 떨어뜨리면서 내는 소리

02

이지차이나는 공부하시는 분들의 편의를 위해 실전 7강까지는 한국어 발음도 함께 표기해드릴거에요.

한글 발음 옆의 숫자 1, 2, 3, 4는 성조표시입니다.

예) 나 --> 워3 / 너--> 니3 / 그 --> 타1 / 오다 --> 르라이2

CHAPTER 1

03 새 단어

너, 당신	你	nǐ	니3
그	他	tā	타1
그녀	她	tā	타1
나, 저	我	wǒ	워3
듣다	听	tīng	팅1
보다	看	kàn	칸4

04

我听。　　Wǒ tīng.　워3 팅1.

내가 듣는다.

你听。　　Nǐ tīng.　니3 팅1.

네가 듣는다.

25

05

他看。 Tā kàn. 타1 칸4.
그가 본다.

她看。 Tā kàn. 타1 칸4.
그녀가 본다.

06

我看你。 Wǒ kàn nǐ. 워3 칸4 니3.
내가 당신을 봅니다.

你看我。 Nǐ kàn wǒ. 니3 칸4 워3.
당신이 나를 봅니다.

실전 1강 / 우리말 순서와 같이! 목적어만 뒤로

CHAPTER 1

07

他看你。　　Tā kàn nǐ.　타1 칸4 니3.

그가 너를 본다.

她看他。　　Tā kàn tā.　타1 칸4 타1.

그녀가 그를 봐요.

08

중국어에는 '~은/는/이/가/을/를/에/에는'이 없어요.

중국어에는 띄어쓰기도 없습니다.

모든 글자를 붙여 쓰지요.

다만 우리는 발음에 대해서는 단어별로 띄어쓰기를 하겠습니다.

1강
문장 만들기 연습

1. 그녀를 만난다.

2. 그녀가 나를 만납니다.

3. 그녀가 널 만나.

4. 나는 유지현을 만나요.

5. 유지현이 당신을 만납니다.

* 또 만나요! 헤어질 때 하는 인사
  다시, 또　再　zài
  만나다　见　jiàn

1강 문장 만들기 답안

1　见她。　　　　　Jiàn tā.
2　她见我。　　　　Tā jiàn wǒ.
3　她见你。　　　　Tā jiàn nǐ.
4　我见 유지현　　　Wǒ jiàn 유지현.
5　유지현见你。　　유지현 jiàn nǐ.

나만의 핵심노트

내 생애 첫 중국어

실전 2강
엄마가 들으시니?

01

의문문(~니?/~까?)을 만들 때는 문장을 다 만들어놓고 맨 끝에 '吗? ma?'만 붙여주세요.

02

妈妈看。　　　Māma kàn.　마1마 칸4.
엄마가 보십니다.

妈妈看吗?　　　Māma kàn ma?　마1마 칸4 마?
엄마가 보십니까?

CHAPTER 1

03

爸爸看。 Bàba kàn. 빠4바 칸4.

아빠가 보십니다.

경성은 소리가 약해지니까 '빠4'가 경성이 되면 '바'가 되네요.

爸爸看吗? Bàba kàn ma? 빠4바 칸4 마?

아빠가 보시나요?

경성은 소리가 약해지니까 '빠4'가 경성이 되면 '바'가 되네요.

04

奶奶听。 Nǎinai tīng. 나이3나이 팅1.

할머니가 들으십니다.

奶奶听吗? Nǎinai tīng ma? 나이3나이 팅1 마?

할머니가 들으십니까?

05

爷爷听。　　　　Yéye tīng.　예2예 팅1.

할아버지가 들으신다.

爷爷听吗?　　　Yéye tīng ma?　예2예 팅1 마?

할아버지가 들으시니?

06

你看她。　　　　Nǐ kàn tā.　니3 칸4 타1.

네가 그녀를 본다.

你看她吗?　　　Nǐ kàn tā ma?　니3 칸4 타1 마?

네가 그녀를 보니?

실전 2강 / 엄마가 들으시니?

CHAPTER 1

07

他爱我。　　　Tā ài wǒ.　타1 아이4 워3.

그가 나를 사랑한다.

他爱我吗?　　Tā ài wǒ ma?　타1 아이4 워3 마?

그가 나를 사랑하니?

08

자, 의문문 만들기 어렵지 않아요.

문장 끝에 吗? ma? 만 붙여주세요.

이제 두려워하거나 망설이지 말고

우리, 자신 있게 묻자구요.

33

2강
문장 만들기 연습

1. 너 그를 만나니?

2. 엄마가 아빠를 보시나요?

3. 할머니는 할아버지를 만나십니까?

4. 그녀가 당신을 사랑하나요?

5. 엄마와 아빠는 들으시나요?

* ~와 和 hé

2강 문장 만들기 답안

1 你见他吗?   Nǐ jiàn tā ma?
2 妈妈看爸爸吗?   Māma kàn bàba ma?
3 奶奶见爷爷吗?   Nǎinai jiàn yéye ma?
4 她爱你吗?   Tā ài nǐ ma?
5 妈妈和爸爸听吗?   Māma hé bàba tīng ma?

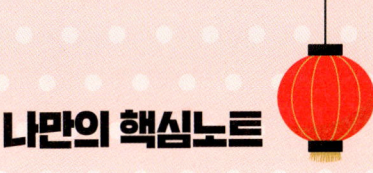

나만의 핵심노트

내 생애 첫 중국어

실전 3강
할머니가 들으셨니?

01

동작의 과거 '~했다'를 만들 땐 문장 맨 끝에 '了 le'만 붙여주면 됩니다. 놀랍지요?

02

妈妈看了。　　Māma kàn le.　마1마 칸4 르러.
엄마가 보셨다.

爸爸看了。　　Bàba kàn le.　빠4바 칸4 르러.
아빠가 보셨다.

CHAPTER 1

03

奶奶听了。 Nǎinai tīng le. 나이3나이 팅1 르러.
할머니가 들으셨다.

爷爷听了。 Yéye tīng le. 예2예 팅1 르러.
할아버지가 들으셨다.

04

妈妈看爸爸了。
Māma kàn bàba le. 마1마 칸4 빠4바 르러.
엄마가 아빠를 보셨다.

奶奶看爷爷了。
Nǎinai kàn yéye le. 나이3나이 칸4 예2예 르러.
할머니가 할아버지를 보셨다.

05 그러면 과거의문문 '~했니?'는 어떻게 만들면 될까요?

06 그렇습니다.

과거의 '~했다' '了 le'와

의문의 '~니?/~까?' '吗? ma?'를 연달아 써주면 됩니다.

CHAPTER 1

실전 3강 / 할머니가 들으셨니?

07

A: 你看他了吗?   Nǐ kàn tā le ma?   니3 칸4 타1 ㄹ러 마?
너 그를 봤니?

B: 我看他了。   Wǒ kàn tā le.   워3 칸4 타1 ㄹ러.
나 그를 봤어.

08

중국인들이 우리와 다르게 인식하는 것들 가운데 꼭 기억해두어야 할 것이 바로 '중국인들은 동작에만 과거표현('~했다' 了 le)을 한다.'는 거예요. 중국인들은 동작이 없는 경우 과거표현('~했다' 了 le)을 쓰지 않습니다. 이 부분에 대해선 다음에 다시 언급하도록 할게요!

3강
문장 만들기 연습

1. 네가 그를 만났니?

2. 엄마가 아빠를 보셨나요?

3. 할머니는 할아버지를 만나셨어요?

4. 아빠는 들으셨어?

5. 그가 널 봤니?

3강 문장 만들기 답안

1 你见他了吗?   Nǐ jiàn tā le ma?
2 妈妈看爸爸了吗?   Māma kàn bàba le ma?
3 奶奶见爷爷了吗?   Nǎinai jiàn yéye le ma?
4 爸爸听了吗?   Bàba tīng le ma?
5 他看你了吗?   Tā kàn nǐ le ma?

나만의 핵심노트

내 생애 첫 중국어

실전 4강
지현아, 너 나를 봐라!

01

명령의 말(~하십시오/~해라)이나 권유, 제안의 말(~합시다/~하자)은 문장 끝에 '吧! ba!'를 붙이기만 하면 됩니다.

02

看吧!   Kàn ba!   칸4 바!

보세요!
봐라!
봅시다!
보자!

吧 ba는 '빠'가 아닌 '바'로 발음해 주세요.
성조가 없는 '경성'은 소리가 약해지거든요.
예를들어 '빠'는 '바', '꺼'는 '거', '떠'는 '더'!

CHAPTER 1

03

看我吧!   Kàn wǒ ba!   칸4 워3 바!

나를 보세요!
날 봐!

看他吧!   Kàn tā ba!   칸4 타1 바!

그를 봅시다! 그를 보세요!
그를 봐라! 그를 보자!

04

看妈妈吧!   Kàn māma ba!   칸4 마1마 바!

엄마를 보세요!

看妈妈吧!   Kàn māma ba!   칸4 마1마 바!

엄마를 봅시다!

05

看奶奶吧!   Kàn nǎinai ba!   칸4 나이3나이 바!

할머니를 봐라!

看奶奶吧!   Kàn nǎinai ba!   칸4 나이3나이 바!

할머니를 보자!

06

看你吧!   Kàn nǐ ba!   칸4 니3 바!

너를 봐라.

你看我吧!   Nǐ kàn wǒ ba!   니3 칸4 워3 바!

너 나를 봐라!
당신 날 보세요!

CHAPTER 1

실전 4강 / 지현아, 너 나를 봐라!

07

지현, 我们见她吧!

지현, wǒmen jiàn tā ba!   지현, 워3먼 지앤4 타1 바!

지현아, 우리 그녀를 만나자.

지현, 你见她吧!

지현, nǐ jiàn tā ba!   지현, 니3 지앤4 타1 바!

지현아, 네가 그녀를 만나라.

08

명령은 바로바로! 吧로 吧로!

이제부터 명령은 망설이지 말고 '바'로 하세요.

명령은 '吧! ba! 바!'로 하세요!

4강
문장 만들기 연습

1 유지현, 네가 엄마를 만나라!

2 엄마, 할아버지를 보세요.

3 우리 그녀를 만나자!

4 너희가 들어라!

5 아빠, 지금 오세요!

* ~에 오다　来　lái
　지금, 현재　现在　xiànzài

4강 문장 만들기 답안

1 유지현, 你见妈妈吧!　　유지현, nǐ jiàn māma ba!
2 妈妈, (你)看爷爷吧!　　Māma, (nǐ)kàn yéye ba!
3 我们见她吧!　　　　　 Wǒmen jiàn tā ba!
4 你们听吧!　　　　　　 Nǐmen tīng ba!
5 爸爸, 现在来吧!　　　 Bàba, xiànzài lái ba!

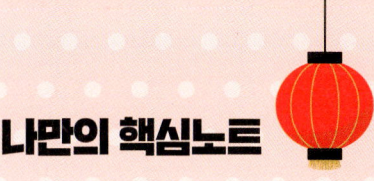
나만의 핵심노트

실전 5강
도전! 중국어 문장 만들기 1

01

그동안 갈고 닦은 실력으로 이제 우리 중국어 문장을 만들어 봅시다. 자, 기억하고 계시죠?

- 의문문은 문장 끝에 吗? ma?
- 과거문은 문장 끝에 了。le.
- 명령문은 문장 끝에 吧! ba!

02

(我)爱妈妈。　(Wǒ) ài māma.　(워3) 아이4 마1마.

(나는) 엄마를 사랑해요.

03

爸爸爱我。　　　Bàba ài wǒ.　빠4바 아이4 워3.

아빠는 나를 사랑하십니다.

奶奶看爷爷。　　Nǎinai kàn yéye.　나이3나이 칸4 예2예.

할머니가 할아버지를 보십니다.

04

你爱他吗?　　　Nǐ ài tā ma?　니3 아이4 타1 마?

당신은 그를 사랑하나요?

你爱她吗?　　　Nǐ ài tā ma?　니3 아이4 타1 마?

넌 그녀를 사랑하니?

05

她看你了, 你看她吧!

Tā kàn nǐ le, nǐ kàn tā ba! 티1 칸4 니3 러, 니3 칸4 타1 바!

그녀가 너를 봤어, 너 그녀를 봐라.

06

你看她了吗? Nǐ kàn tā le ma? 니3 칸4 타1 러 마?

너는 그녀를 봤니?

실전 5강 / 도전! 중국어 문장 만들기 1

07

你听吧!   Nǐ tīng ba!   니3 팅1 바!
네가 들어라!

你看我吧!   Nǐ kàn wǒ ba!   니3 칸4 워3 바!
너 나를 봐라!

08

경성 발음은

성조를 가진 글자보다 약하게 발음합니다.

'빠'의 경성 발음은 '바', '띠'의 경성 발음은 '디'

'떠'의 경성 발음은 '더'가 되는 것이지요.

CHAPTER 2

실전 6강	난 그녀를 안 만나요
실전 7강	난 그를 안 만났어
실전 8강	하지 마세요~ 삐에로!
실전 9강	중국어라서 고마워요!
실전 10강	아니, 벌써 이게 가능하다니
실전 11강	도전! 중국어 문장 만들기 2

不怕慢，只怕站!
Bú pà màn, zhǐ pà zhàn!
느린 것을 두려워 말고, 다만 멈춰 서 있음을 염려하라.

챕터 2 요약

 **목표**

이 챕터에 나오는 모든 단어와 문장을 정확한 발음과 성조에 따라 제대로 듣고 큰소리로 또박또박 읽고 자연스럽게 입 밖으로 술술 나오게 하겠다.

부정문(~않다)과
모든 동작의 과거부정문(~하지 않았다),
금지문(~하지 마라)의 표현방법을 정확히 숙지하고
사용되는 단어의 위치를 반드시 기억해서 활용하겠다.

🔍 유지현의 학습 포인트

아이들이 말을 배우듯, 우선 귀로 듣고 입으로 말하는 게 중요합니다.
유지현의 '이지차이나 3분중국어'는 눈으로 보기만 하는 책이 아닙니다.
귀로 듣고 입으로 따라 말하는 책입니다.
발음과 성조에 자신이 없는 분들은 우선 반드시 다양한 채널을 통해
무료로 제공되고 있는 이지차이나 3분중국어 발음성조편 동영상과
음성파일을 통해 제대로 들으며 정확하게 따라하고, 자연스럽게
말이 나올 수 있을 때까지 무한 반복 시청, 청취하시기 바랍니다.

* 발음성조편은 맨 뒤 부록에 수록되어 있습니다.

꼭 기억하십시오. 안다고 그냥 넘어가지 마세요.
이해만 하고 넘어가서도 안 됩니다.
노력하지 않고도 정확한 발음이 저절로 술술 나올 수 있게 반드시
동영상을 보면서, 음성파일을 들으면서 모든 문장을 큰 소리로 읽어야
합니다.

그것이 이 [CHAPTER 2]의 미션입니다!

내 생애 첫 중국어

실전 6강
난 그녀를 안 만나요

01

우리는 부정문을 만들 때 '부정의 단어' 위치를 부정하려는 단어 앞이나 뒤, 어디에나 놓을 수 있습니다.

02

예를 들어

'듣지 않는다.'라고 해도 되고

'안 듣는다.'라고 해도 되지요.

03

그런데 중국어는 그렇지 않아요.

'~않다'에 해당하는 단어 '不 bù'를

부정하고자 하는 단어의 앞에 놓으면 됩니다. ^^

04

먹다	吃	chī
먹지 않는다	不吃	bù chī
마시다	喝	hē
안 마신다	不喝	bù hē

05

목마르다	渴	kě
목마르지 않다	不渴	bù kě
좋다	好	hǎo
안 좋다	不好	bù hǎo

06

의 성조변화

4성 글자 앞에서는 2성으로 약하게~!

'뿌'가 아닌 '부'로 소리 내면 편하고 자연스럽습니다.

예를 들어

뿌4 아이4가 아니라 부2 아이4.

뿌4 칸4이 아니라 부2 칸4.

실전 6강 / 난 그녀를 안 만나요

CHAPTER 2

07

不看。
Bú kàn. 부2 칸4.

안 본다.

不爱。
Bú ài. 부2 아이4.

사랑하지 않는다.

08

자, 꼭 기억합시다!!

부정문은 부정하려는 단어 앞에

'不 bù 뿌4'를 놓아줍니다.

(단 4성 글자 앞에선 'bù 뿌4'가 아닌 'bú 부'로 바꿔주세요.)

6강
문장 만들기 연습

1. 난 안 먹어요, 당신은 드세요!

2. 목마르니? 아니, 난 목 안 말라.

3. 당신들 좋습니까? 난 안 좋고, 그녀는 좋아요.

4. 그들이 듣니? 그들은 안 들어.

5. 너 날 사랑하니? 난 널 사랑하지 않아.

6강 문장 만들기 답안

1 我不吃，你吃吧!　　　　Wǒ bù chī, nǐ chī ba!
2 渴吗? 不，我不渴。　　　Kě ma? bù, wǒ bù kě.
3 你们好吗? 我不好，她好。Nǐmen hǎo ma? Wǒ bù hǎo, tā hǎo.
4 他们听吗? 他们不听。　　Tāmen tīng ma? Tāmen bù tīng.
5 你爱我吗? 我不爱你。　　Nǐ ài wǒ ma? Wǒ bú ài nǐ.

나만의 핵심노트

내 생애 첫 중국어

실전 7강
난 그를 안 만났어

01

'~않다'는 '不', 기억하시지요?
그런데 동작의 과거부정
'~하지 않았다'는 '不'가 아닌
'没 méi 메이2'입니다.

02

먹다	吃	chī
먹지 않는다	不吃	bù chī
먹었다	吃了	chī le
먹지 않았다	没吃	méi chī

CHAPTER 2

03

마시다	喝	hē	허1
안 마신다	不喝	bù hē	뿌4 허1
마셨다	喝了	hē le	허1 르어
안 마셨다	没喝	méi hē	메이2 허1

04

보다	看	kàn	칸4
안 본다	不看	bú kàn	부2 칸4
봤다	看了	kàn le	칸4 르어
안 봤다	没看	méi kàn	메이2 칸4

05

듣다	听	tīng	팅1
안 듣는다	不听	bù tīng	뿌4 팅1
들었다	听了	tīng le	팅1 ㄹ러
안 들었다	没听	méi tīng	메이2 팅1

06

자, 여기서 매우 중요한 한 가지!

중국인들은 동작이 없으면 '과거표현'을 쓰지 않아요.

상태(어떠하다)를 표현할 때는 과거 현재 구분 없이 똑같이 과거형이 아닌 기본형으로 쓴다는 걸 기억해주세요.

'상태(어떠하다)'에는 동작이 없으니까요.

CHAPTER 2

실전 7강 / 난 그를 안 만났어

07

'좋다'와 '좋았다(과거)' 모두 '**好** hǎo 하오3' 입니다.

('하오3 르어'가 아니구요.)

&

'안 좋다'와 '안 좋았다(과거부정)' 모두

'**不好** bù hǎo 뿌4 하오3' 예요. ('메이2 하오3'가 아닙니다.)

08

자, 꼭 기억합시다!

동작의 과거부정(~하지 않았다)은

무조건 '**没** méi 메이2' 랍니다!

동작이 없는 단어의 과거부정은 무조건

'**不** bù / bú'이구요!

7강
문장 만들기 연습

1 우린 그들을 만났고, 그녀는 그들을 안 만났다.

2 어제는 안 먹었고, 오늘은 안 마셨어요.

3 그들이 만났나요? 그들은 만나지 않았어요.

4 어제 추웠어요? 어제 춥지 않았어요.

5 오늘 좋았어? 오늘 안 좋았습니다.

* 오늘　今天　jīntiān
어제　昨天　zuótiān
춥다　冷　lěng

7강 문장 만들기 답안

1 我们见他们了，她没见他们。　Wǒmen jiàn tāmen le, tā méi jiàn tāmen.
2 昨天没吃，今天没喝。　Zuótiān méi chī, jīntiān méi hē.
3 他们见了吗? 他们没见。　Tāmen jiàn le ma? Tāmen méi jiàn.
4 昨天冷吗? 昨天不冷。　Zuótiān lěng ma? Zuótiān bù lěng.
5 今天好吗? 今天不好。　Jīntiān hǎo ma? Jīntiān bù hǎo.

나만의 핵심노트

내 생애 첫 중국어

실전 8강
하지 마세요~ 삐에로!

 금지문(~하지 마세요, ~하지 마라)의 표현은 '别 bié 삐에2'로 합니다!

듣는다	听	tīng
들었다	听了	tīng le
들어라	听吧	tīng ba

CHAPTER 2

03

안 듣는다	不听	bù tīng
듣지 않았다	没听	méi tīng
듣지 마라	别听	bié tīng

04

이것을 듣지 않는다	不听这个	bù tīng zhè ge
이것을 안 들었다	没听这个	méi tīng zhè ge
이것을 듣지 마라	别听这个	bié tīng zhè ge

- 이것   这(个)   zhè (ge)

05

본다	看	kàn
봤다	看了	kàn le
봐라	看吧	kàn ba

06

보지 않는다	不看	bú kàn
안 봤다	没看	méi kàn
보지 마라	别看	bié kàn

실전 8강 / 하지 마세요~ 삐에로!

07

그것을 안 본다	不看那个	bú kàn nà ge
그것을 보지 않았다	没看那个	méi kàn nà ge
저걸 보지 마라	别看那个	bié kàn nà ge

- 그것, 저것   那(个)   nà (ge)

08

자, 꼭 기억합시다!

금지의 표현 '~하지 마세요'는

'别 bié 삐에2'로 하세요.

'하지 마세요, '삐에'로~!

8강
문장 만들기 연습

1. 오늘은 우리 만나지 말고 내일 만납시다!

2. 너희들 오후에 와라, 오전에 오지 마!

3. 오늘 너희는 이걸 보지 마, 저걸 봐라!

4. 유지현, 당신 그녀를 만나지 마세요!

5. 그걸 듣지 마세요, 이걸 들으세요!

*내일　明天　míngtiān
　오전　上午　shàngwǔ
　오후　下午　xiàwǔ

8강 문장 만들기 답안

1 今天我们别见，明天见吧!　　Jīntiān wǒmen bié jiàn, míngtiān jiàn ba!
2 你们下午来吧，别上午来。　　Nǐmen xiàwǔ lái ba, bié shàngwǔ lái.
3 今天你们别看这个，看那个吧!　Jīntiān nǐmen bié kàn zhè ge, kàn nà ge ba!
4 유지현, 你别见她吧!　　　　　Nǐ bié jiàn tā ba!
5 别听那个，听这个吧!　　　　Bié tīng nà ge, tīng zhè ge ba!

내 생애 첫 중국어

실전 9강
중국어라서 고마워요!

01

놀랍고도 신기한 한국어와 중국어의 발음 관계, 한 번 살펴볼까요?
(이건 비밀인데요, 중국어 발음과 한국어 한자음 간에는 뭔가 연관관계가 숨어 있답니다.)

02

우리 한국어의 한자어 모음 '애'는 중국어로 거의 모두 '아이' 발음이 됩니다.

예를 들어

'사랑하다 爱'는 우리 발음 '애', 중국어로는 'ài 아이4'입니다.

CHAPTER 2

03

오다	来	래 - 라이2	lái
사다	买	매 - 마이3	mǎi
팔다	卖	매 - 마이4	mài

04

빠르다	快	쾌 - 콰이4	kuài
채소, 요리	菜	채 - 차이4	cài
바다	海	해 - 하이3	hǎi

05

b/p/m/f, d/t/n/l, g/k/h, z/c/s 는 영어 알파벳이 아닌 우리나라 자음처럼 소리내는데, 우리의 자음발음보다 더 세게 발음해야 합니다.

(ㅂ은 ㅃ로, ㅈ는 ㅉ로, ㄱ는 ㄲ로, ㄷ는 ㄸ로!)

아래의 발음을 주의 깊게 봐주세요.

06

~에 있다	在	재 - 자이4 는 짜이4	zài
고치다	改	개 - 가이3 는 까이3	gǎi
희다	白	백 - 바이2 는 빠이2	bái

'白 백'이라는 우리의 한자어에는 'ㄱ'받침이 있지만 중국어에는 'ㄱ'받침이 없고, 'ㄴㅇㄹ'받침만 존재합니다. 그래서 '백'은 '배'가 되고 중국어로는 'bai'가 되는 것이에요.

CHAPTER 2

실전 9강 / 중국어라서 고마워요!

07 우리 한자어의 ㄱ받침, ㄹ받침, ㅂ받침은 중국어 발음에선 사라집니다.

우리 한자어 ㄴ받침은 중국어로도 ㄴ 받침,

ㅁ받침은 거의 ㄴ받침,

ㅇ받침은 중국어로도 ㅇ받침으로 바뀝니다.

※ 이 부분은 뒤에 다시 언급해드릴 거예요.

08 자, 우리 한국인에게 이렇게 쉽고 고마운 중국어~
반드시 내 좋은 친구로 만들고 말자구요!
한국인이라서 행복해요~!!

9강
문장 만들기 연습

1 이건 빠른데, 저건 안 빨라요.

2 난 저걸 고치지 않았어요, 그녀가 고쳤어요.

3 당신이 이걸 팝니까? 안 팔아요.

4 엄마는 그걸 사지 않았어요, 아빠가 사셨어요.

5 너 이 음식을 봐라, 먹지는 말고.

9강 문장 만들기 답안

1 这个快，那个不快。 Zhè ge kuài, nà ge bú kuài.
2 我没改那个，她改了。 Wǒ méi gǎi zhè ge, tā gǎi le.
3 你卖这个吗? 不卖。 Nǐ mài zhè ge ma? Bù mài.
4 妈妈没买那个，爸爸买了。 Māma méi mǎi nà ge, bàba mǎi le.
5 你看这个菜，别吃。 Nǐ kàn zhè ge cài, bié chī!

나만의 핵심노트

내 생애 첫 중국어

실전 10강
아니, 벌써 이게 가능하다니

도전,리얼

01

먹다	吃	chī
마시다	喝	hē
이것	这(个)	zhè (ge)
저것, 그것	那(个)	nà (ge)

02

먹니?	吃吗?	Chī ma?
먹어요.	吃。	Chī.
안 먹어.	不吃。	Bù chī.

CHAPTER 2

03

먹었니?	吃了吗?	Chī le ma?
안 먹었어.	没吃。	Méi chī.
먹었어.	吃了。	Chī le.

04

먹어라	吃吧!	Chī ba!
먹자!	吃吧!	Chī ba!
먹지 마세요!	别吃!	Bié chī!

05

마시니?	喝吗?	Hē ma?
마셔.	喝。	Hē.
안 마셔.	不喝。	Bù hē.

06

마셨니?	喝了吗?	Hē le ma?
마셨어.	喝了。	Hē le.
안 마셨어.	没喝。	Méi hē.

CHAPTER 2

실전 10강 / 아니, 벌써 이게 가능하다니

07

마셔라	喝吧!	Hē ba!
마시자!	喝吧!	Hē ba!
마시지 마!	别喝!	Bié hē!

08

다 맞으셨어요?

짜잔~!! 축하드립니다.

다음 강좌를 진행하시면 되겠습니다~!!

혹시 한두 문장을 틀리셨나요?

염려하지 마세요~

해당 강좌로 돌아가서 쫙 한 번 더 정리하시면 되니까요!

실전 11강
도전! 중국어 문장 만들기 2

01

이제 우리 지금까지 공부한
모든 중국어실력을 총동원해서
중국어문장을 만들어봅시다!
자, 준비되셨지요?!
그럼 출발합니다! 출바알~!

02

妈妈学吗?   Māma xué ma?   마1마 쉬에2 마?

엄마가 배우시나요?

03

妈妈不学。　　Māma bù xué.　마1마 뿌4 쉬에2.

엄마는 안 배우셔.

04

奶奶学了吗?

Nǎinai xué le ma?　나이3나이 쉬에2 르러 마?

할머니께선 배우셨니?

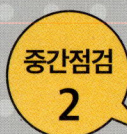

05

没学。　　　　　Méi xué. 메이2 쉬에2.

안 배우셨어.

学了。　　　　　Xué le. 쉬에2 르어.

배우셨어.

06

你别听那个, 听这个吧!

Nǐ bié tīng nà ge, tīng zhè ge ba! 니3 삐에2 팅1 나4 거, 팅1 즈어4 거 바!

너 그걸 듣지 마라, 이걸 듣자!
너 그걸 듣지 마라, 이걸 들어라!

실전 11강 / 도전! 중국어 문장 만들기 2

07

看那个吧, 她来了。

Kàn nà ge ba, tā laí le. 칸4 나4 거 바, 타1 르라이2 르러.

저것을 보세요, 그녀가 왔어요.

* l(ㄹㄹ) 발음은 앞글자에 'ㄹ'을 붙여 발음합니다.
  예) hao le ⇨ 하오러(X)   laí le ⇨ 르라이러(X)
              하올러(O)   르라일러(O)

08

자, 여기까지가 중국어의 기본 골격입니다.

문장 만들기를 완벽하게 성공하셨다면

이제 자신 있게 다음 단계로 도약합시다!

그동안 정말 수고 많으셨어요.

포기하지 않고 여기까지 오신 여러분이 자랑스럽습니다.

CHAPTER 3

실전 12강	난 학생이에요
	<특수동사 3종 세트 1 '~이다' 是 shì>
실전 13강	너 남동생 있어?
	<특수동사 3종 세트 2 '~이(가) 있다' 有 yǒu 요우3>
실전 14강	시간이 없어요!
	<특수동사 有의 부정 '~이(가) 없다' 没 méi 메이2>
실전 15강	지금 너 집에 있어?
	<특수동사 3종 세트 3 '~에 있다' 在 zai4>
실전 16강	질문 있어 없어?
실전 17강	특수동사 3종 정리정돈
실전 18강	실전테스트

챕터 3 요약

 **목표**

이 챕터에 나오는 모든 단어와 문장을 정확한 발음과 성조에 따라 제대로 듣고 큰소리로 또박또박 읽고 자연스럽게 입 밖으로 술술 나오게 하겠다.

특수동사 3종 세트의 표현방법을 정확히 숙지하고 사용되는 단어의 위치와 쓰임을 반드시 기억해서 내 것으로 만들겠다.

🔍 유지현의 학습 포인트

동사답지 못한 동사, 동사에 속하지만 동작이 없는 동사,
'특수동사 3종 세트
是 (shi ~이다), 有 (you ~이 있다), 在 (zai ~에 있다)' 에 대해
그 특징과 쓰임을 정확하게 이해하고 올바르게 사용할 줄 알아야
합니다.

꼭 기억하십시오. 안다고 그냥 넘어가지 마세요.
이해만 하고 넘어가서도 안 됩니다.
노력하지 않고도 정확한 발음이 저절로 술술 나올 수 있게 반드시
동영상을 보면서, 음성파일을 들으면서 모든 문장을 큰 소리로 읽어야
합니다.

그것이 이 [CHAPTER 3]의 미션입니다!

내 생애 첫 중국어

실전 12강
난 학생이에요

특수동사 3종 세트 1 '~이다' 是 shì

01

'동작, 행동, 움직임'을 동사라고 하지요?
그런데 동작이 없어도 동사에 속하는
동사가 있어요.
이를 '특수동사'라고 합니다.
중국어에는 3개의 특수동사가 있는데요,
그 첫 번째 주자,
是 shì (~이다)를 소개해드릴게요.

02

你是学生吗?   Nǐ shì xuésheng ma?

너는 학생이니?

- 학생   学生   xuésheng

03 일반 동사와는 달리 특수동사 '是'의 목적어에는 '~를'이 붙지 않는다는 것을 알아두셔야 합니다.

04 我是学生, (我)是韩国人。
Wǒ shì xuésheng, (wǒ) shì Hánguó rén.
나는 학생이고 한국인이야.

'是'가 '~은/는'이라고 알고 계신 분들이 많아요.
자, 기억해두세요.
중국어에는 '~은/는/이/가/을/를/에/에는'이 없습니다!
'是'는 '~이다'라는 뜻이지 '~은/는'이 아닙니다!

05

这是韩国吗?   Zhè shì Hánguó ma?

이게 한국이니?

'是'는 '~이다' 입니다.

06

那是韩国。   Nà shì Hánguó.

그건 한국이야.

'是'는 '~은/는'이 아니에요.

중국어에는 '~은/는/이/가/을/를/에/에는'이 없습니다!

이제 분명하게 아시겠죠?!!

CHAPTER 3

실전 12강 / 난 학생이에요

07

'是'는 '~이다'지요?

그러면 '~이 아니다'는 무엇일까요?

'~이 아니다'는 '~이다'의 부정이므로

앞에 不만 붙이면 되겠네요.

是(~이다)의 부정은 不是(~이 아니다)입니다.

08

那是中国，(那)不是韩国。

Nà shì Zhōngguó, (nà) bú shì Hánguó.

저거 중국이야, 한국이 아니야.

중국어의 발음표기를 영어 알파벳으로 하다 보니

고유명사는 영어처럼 맨 앞 스펠링을 대문자로 씁니다.

12강
문장 만들기 연습

1. 이게 너니? 그거 나야.

2. 그건 나 아니야, 그거 여동생이야.

3. 네 여동생은 학생이니?

4. 아니야, 누나(언니)가 학생이야.

5. 넌 한국인이 아니니?

* 여동생   妹妹   mèimei
  언니, 누나   姐姐   jiějie

12강 문장 만들기 답안

1 这是你吗? 那是我。　　Zhè shì nǐ ma? Nà shì wǒ.
2 那不是我，那是妹妹。　Nà bú shì wǒ, nà shì mèimei.
3 你妹妹是学生吗?　　　Nǐ mèimei shì xuésheng ma?
4 不是，姐姐是学生。　　Bú shì, jiějie shì xuésheng
5 你不是韩国人吗?　　　Nǐ bú shì Hánguórén ma?

내 생애 첫 중국어

실전 13강
너 남동생 있어?

특수동사 3종 세트 2 '~이(가) 있다' 有 yǒu

01

특수동사 3종 가운데 두 번째 주자,
有 yǒu '~이(가) 있다'를 소개해드릴게요.
물론 '~이(가)' 부분이 목적어가 됩니다.
뒤로 보내주셔야 해요, 목적어니까요~
매우 특수하지요? ㅋㅋ
그래서 '특수동사'라고 부른답니다.

02

새 단어			
남동생	弟弟	dìdi	
여기	这儿 / 这里	zhèr / zhèli	
저기, 거기	那儿 / 那里	nàr / nàli	

CHAPTER 3

03

你有朋友吗?　　Nǐ yǒu péngyou ma?

너 친구(가) 있니?

有(朋友)。　　Yǒu (péngyou).

친구(가) 있어.

04

这儿有学生吗?　　Zhèr yǒu xuésheng ma?

여기 학생(이) 있어요?

这儿有学生。　　Zhèr yǒu xuésheng.

여기 학생(이) 있어.

'有。 있어요.'라고만 대답해도 됩니다.

05

他有弟弟吗?   Tā yǒu dìdi ma?

쟤 남동생(이) 있니?

他有弟弟。   Tā yǒu dìdi.

쟤 남동생 있어.

'有。 있어요.'라고만 대답해도 됩니다.

06

有妹妹吗?   Yǒu mèimei ma?

여동생(이) 있니?

有妹妹。   Yǒu mèimei.

여동생(이) 있어.

'有。 있어요.'라고만 대답해도 됩니다.

CHAPTER 3

실전 13강 / 너 남동생 있어?

07

她有男朋友吗?   Tā yǒu nán péngyou ma?

그녀는 남자친구(가) 있어요?

她有男朋友。   Tā yǒu nán péngyou.

그녀는 남자친구(가) 있어요.

'有。있어요.'라고만 대답해도 됩니다.

08

我有哥哥，他有姐姐。
Wǒ yǒu gēge, tā yǒu jiějie.

난 오빠가 있고 쟤는 누나가 있어.

13강
문장 만들기 연습

| 1 | 난 중국친구가 있어. |

| 2 | 너 남동생 있어? |

| 3 | 네 친구는 오빠(형)가 있니? |

| 4 | 우린 오늘 시간이 있어. |

| 5 | 저기에 돈이 있어요. |

13강 문장 만들기 답안
1 我有中国朋友。　　　Wǒ yǒu Zhōngguó péngyou.
2 你有弟弟吗?　　　　Nǐ yǒu dìdi ma?
3 你朋友有哥哥吗?　　Nǐ péngyou yǒu gēge ma?
4 我们今天有时间。　　Wǒmen jīntiān yǒu shíjiān.
5 那儿有钱。　　　　　Nàr yǒu qián.

나만의 핵심노트

내 생애 첫 중국어

실전 14강
시간이 없어요!

특수동사 有의 부정 '~이(가) 없다' 没 méi

01 '没 méi'의 두 가지 용법

- 모든 동작의 과거부정 (~하지 않았다)
- 특수동사 有의 부정 (~이 없다)

*중국어에서 不로 부정하지 못하는 유일한 단어가 바로 '有 yǒu'입니다.
有의 부정은 不가 아닌 '没 méi'입니다.

02

你没有朋友吗?　**Nǐ méi** yǒu péngyou ma?

너 친구(가) 없니?

没有朋友。　**Méi** yǒu péngyou.

친구(가) 없어요.

'没有。없어요.'라고만 대답해도 됩니다.

CHAPTER 3

03

这儿没有学生吗？　　Zhèr **méi** yǒu xuésheng ma?

여기 학생(이) 없어요?

这儿没有学生。　　　Zhèr **méi** yǒu xuésheng.

여기 학생(이) 없어.

'没有。없어요.'라고만 대답해도 됩니다.

04

他没有弟弟吗？　　　Tā **méi** yǒu dìdi ma?

쟤 남동생(이) 없니?

他没有弟弟。　　　　Tā **méi** yǒu dìdi.

쟤 남동생(이) 없어.

'没有。없어요.'라고만 대답해도 됩니다.

05

我没有时间, 你呢?   Wǒ **méi** yǒu shíjiān, nǐ ne?

나 시간(이) 없어, 넌?

我有时间。   Wǒ yǒu shíjiān.

난 시간 있어.

06

她没有男朋友, 你呢?

Tā **méi** yǒu nán péngyou, nǐ ne?

그녀는 남자친구(가) 없어요, 당신은요?

我有男朋友。   Wǒ yǒu nán péngyou.

난 남자친구 있어요.

CHAPTER 3

실전 14강 / 시간이 없어요!

07

과거부정의 mei 뒤에도 사실은 有가 숨어있는 거예요.

我没(有)看这个。　Wǒ méi (yǒu) kàn zhè ge.

나 이걸 안 봤어.

我们没(有)吃那个。　Wǒmen méi (yǒu) chī nà ge.

우린 저걸 안 먹었어.

08

有의 부정은 不가 아니라 언제나 没 méi 입니다!

모든 '没' 뒤에는 예외 없이 '有'가 숨어있음을 기억해주세요.

~이 있다 有 yǒu

~이 없다 没(有) méi(yǒu)

14강
문장 만들기 연습

1 여긴 책이 없어.

2 오늘은 시간이 없어요, 내일 만납시다!

3 거기에 돈이 없나요?

4 난 오빠는 있고 언니는 없어.

5 그녀는 중국어책이 없어요.

* 책　书　shū
  중국어　汉语　Hànyǔ

14강 문장 만들기 답안

1 这儿没有书。　　　　　　Zhèr méi yǒu shū.
2 今天没有时间，明天见吧!　Jīntiān méi yǒu shíjiān, míngtiān jiàn ba!
3 那儿没有钱吗?　　　　　　Nàr méi yǒu qián ma?
4 我有哥哥，没有姐姐。　　Wǒ yǒu gēge, méi yǒu jiějie.
5 她没有汉语书。　　　　　Tā méi yǒu Hànyǔ shū.

나만의 핵심노트

내 생애 첫 중국어

실전 15강
지금 너 집에 있어?

특수동사 3종 세트 3 '~에 있다' 在 zài

01

특수동사 3종 중 마지막 주자,
'~에 있다' 在 zài'를 소개해드릴게요.
물론 '~에' 부분이 목적어가 됩니다.
뒤로 보내주셔야 해요, 목적어니까요~
매우 특수하지요? 그래서 '특수동사'입니다.

02

在 zài ⟷ 不在 bú zài
(~에 있다)　　(~에 없다, ~에 있지 않다)

*시제와 무관하게 在의 부정은 **不在**입니다.

(다만, 문법과 상관없이 在의 과거부정 '~에 없었다'를

'没在 méi zài'로 쓰기도 합니다.)

CHAPTER 3

03

집	家	jiā
회사	公司	gōngsī
사무실	办公室	bàngōngshì
교실	教室	jiàoshì
학교	学校	xuéxiào

04

姐姐在家吗? Jiějie zài jiā ma?

언니는 집에 있니?

姐姐在家。 Jiějie zài jiā.

언니는 집에 있습니다.

*위 문장의 목적어는 '집'입니다.

05

哥哥在那儿吗?   Gēge zài nàr ma?

오빠 거기(에) 있니?

哥哥在那儿。   Gēge zài nàr.

오빠 거기(에) 있어요.

*위 문장에서는 '거기'가 목적어이죠.

06

那个不在这儿吗?   Nàge bú zài zhèr ma?

그건 여기(에) 없어?

那个不在这儿。   Nàge bú zài zhèr.

그건 여기(에) 없어.

*위 문장은 '여기'가 목적어네요.

CHAPTER 3

실전 15강 / 지금 너 집에 있니?

07

(那个) 不在那儿吗?   (Nàge) Bú zài nàr ma?

(그거) 저기(에) 없나요?

(那个) 不在那儿, 在这儿。

(Nàge) Bú zài nàr, zài zhèr.

(그거) 저기(에) 없어요, 여기 있어요.

*위 문장의 목적어는 '저기'입니다.

08

자, 기억합시다~!

중국어의 특수동사 3종 세트.

그 중 '~에 있다'의 표현은 '在'입니다.

여러분, 저 여기에 있어요!
大家, 我在这儿!   Dàjiā, wǒ zài zhèr!

15강
문장 만들기 연습

1 그들이 거기에 있니?

2 그들은 여기에 없고, 교실에 있어요.

3 너 지금 사무실에 있니?

4 회사는 여기에 있습니까?

5 친구는 오전에 학교에 있고 오후엔 집에 있어요.

15강 문장 만들기 답안

1 他们在那儿吗? Tāmen zài nàr ma?
2 他们不在这儿，在教室。 Tāmen bú zài zhèr, zài jiàoshì li.
3 你现在在办公室吗? Nǐ xiànzài zài bàngōngshì ma?
4 公司在这儿吗? Gōngsī zài zhèr ma?
5 朋友上午在学校，下午在家。 Péngyou shàngwǔ zài xuéxiào, xiàwǔ zài jiā.

나만의 핵심노트

내 생애 첫 중국어

실전 16강
질문 있어 없어?

01

반복의문문(정반의문문)이란?
- 긍정형과 부정형을 나열한 형태의 의문문

02

看吗?　　　　Kàn ma?

보니?

看不看?　　　Kàn bu kàn?

보니 안 보니?

CHAPTER 3

03

他们看吗?   Tāmen kàn ma?

그들이 보니?

他们看不看?   Tāmen kàn bu kàn?

그들은 보니 안 보니?

04

他们看你吗?   Tāmen kàn ma?

그들은 너를 보니?

他们看不看你?   Tāmen kàn bu kàn?

그들이 너를 보니 안 보니?

05

在家吗?   Zài jiā ma?
집에 있니?

在不在家?   Zài bu zài jiā?
집에 있니 없니?

06

你是学生吗?   Nǐ shì xuésheng ma?
너 학생이니?

你是不是学生?   Nǐ shì bu shì xuésheng?
너 학생이니 아니니?

CHAPTER 3

실전 16강 / 질문 있어 없어?

07

你有时间吗?   Nǐ yǒu shíjiān ma?

너 시간 있니?

你有没有时间?   Nǐ yǒu méi yǒu shíjiān?

너 시간 있니 없니?

08

반복의문문의 특징

1. '吗? ma?'를 붙이지 않는다.
2. '不(bù / bú)'는 경성으로 발음한다.

*우리말에도 있는 반복의문문,

 의문문이지만 '吗? ma?'를 붙이면 안 됩니다.

16강
문장 만들기 연습

1 지금 너 집에 있니 없니?

2 교실 안에 중국어책이 있니 없니?

3 지금이 오후니 아니니?

4 이건 중국어책입니까 아닙니까?

5 질문 있어요 없어요?

* 질문, 문제   问题   wèntí
   안   里   lǐ

14강 문장 만들기 답안

1 现在你在不在家?   Xiànzài nǐ zài bu zài jiā?
2 教室里有没有汉语书?   Jiàoshì li yǒu méi yǒu Hànyǔ shū?
3 现在是不是下午?   Xiànzài shì bu shì xiàwǔ?
4 这是不是汉语书?   Zhè shì bu shì Hànyǔ shū?
5 有没有问题?   Yǒu méi yǒu wèntí?

나만의 핵심노트

내 생애 첫 중국어

실전 17강
특수동사 3종 정리정돈

01

특수동사 3종

1. ~이다   是   shì
2. ~이 있다   有   yǒu
3. ~에 있다   在   zài

02

특수동사의 특징

-목적어에 '~을/를'이 붙지 않는다.

-동작이 없다.

-과거표현이 없다.

-부정은 과거/현재 상관없이 단 하나로 한다.

CHAPTER 3

03 자, 정리해 봅시다.

일반 동사의 목적어에는 보통 '~을/를'이 붙지만
이 '특수동사 3종'의 목적어에는 '~을/를'이 붙지 않아요.

04 중국인들은

동작이 있는 동사에만 '과거표현'을 합니다.

동작이 없으면 '과거표현'도 없습니다.

귀에 딱지가 앉을 정도로 많이 들어도 자꾸 틀리게 되지요?

우리와 달라서 그래요.

그러니 나올 때 마다 계속 반복훈련 하자구요!

05

특수동사는 3종 모두 과거든 현재든 미래든
시제와 상관없이 부정은 하나로만 합니다.
是의 부정은 시제와 무관하게 언제나 不是,
有의 부정은 시제와 무관하게 언제나 没有,
在의 부정은 시제와 무관하게 언제나 不在。

(다만, 在는 과거부정의 경우 没로 쓰기도 합니다.)

06

기억해주세요~!
특수동사 문장은 '과거'도 '과거형'으로 쓰지 않아요.
'과거'도 '현재형'으로 써야 해요.

실전 17강 / 특수동사 3종 정리정돈

07

'나는 학생이었다'는 '나는 학생이다'로,

'저기에 있었다'는 '저기에 있다'로,

'남자친구가 있었다'도 '남자친구가 있다'로!

왜요?

중국어는 '동작'이 없으면 과거도 '과거표현'으로

쓰지 않으니까요.

특수동사는 동작이 없으니까요!

08

그러면 '과거'는 어떻게 구분할까요?

다음 강에서 시원하게 궁금증이 해결될거에요.

많이 기대해주세요~!!

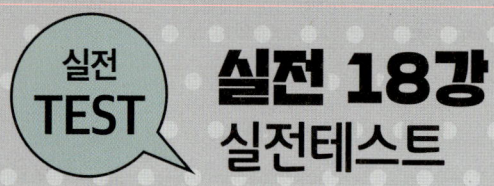

실전 18강
실전테스트

01

现在我在家。 Xiànzài wǒ zài jiā.
지금 나 집에 있어.

昨天我在家。 Zuótiān wǒ zài jiā.
어제 나 집에 있었어.

02

现在我有钱。 Xiànzài wǒ yǒu qián.
지금 나 돈 있어.

昨天我有钱。 Zuótiān wǒ yǒu qián.
어제 나 돈 있었어.

03

现在我是学生。　　Xiànzài wǒ shì xuésheng.

지금 나 학생이야.

去年我是学生。　　Qùnián wǒ shì xuésheng.

작년에 나 학생이었어.

04

现在我不在家。　　Xiànzài wǒ bú zài jiā.

지금 나 집에 없어.

昨天我不在家。　　Zuótiān wǒ bú zài jiā.

어제 나 집에 없었어.

05

现在我没有钱。　　Xiànzài wǒ méi yǒu qián.

지금 나 돈이 없어.

昨天我没有钱。　　Zuótiān wǒ méi yǒu qián.

어제 나 돈 없었어.

06

现在我不是学生。　　Xiànzài wǒ bú shì xuésheng.

지금 나 학생 아니야.

去年我不是学生。　　Qùnián wǒ bú shì xuésheng.

작년에 나 학생 아니었어.

실전 18강 / 실전테스트

07

꼭 기억합시다~!

중국인들은 움직이는 동사에만 과거의 표현(~했다 了 le)을 쓸 뿐 동작이 없는 동사나 형용사 등에는 과거의 표현을 쓰지 않습니다.

08

자, 이제 우리 다음 시간부터는 '동작(어쩐다)'이 아닌 '상태(어떠하다)'에 대해 알아보도록 하겠습니다.

고맙습니다, 여러분! 아자아자 파이팅! ^^

18강
문장 만들기 연습

1. 우린 작년에 학생이었어.

2. 어제는 시간이 있었는데, 지금은 (시간) 없어.

3. 그녀는 오전엔 집에 있었고, 지금은 여기 있어.

4. 어제 오후에 그는 돈이 없었어. 지금은?

5. 지금은 돈 있어.

* 작년　去年　qùnián
  가다　去　qù

18강 문장 만들기 답안

1 我们去年是学生。　　　　　　Wǒmen qùnián shì xuésheng.
2 昨天有时间，现在没有(时间)。　Zuótiān yǒu shíjiān, xiànzài méi yǒu (shíjiān).
3 她上午在家，现在在这儿。　　 Tā shàngwǔ zài jiā, xiànzài zài zhèr.
4 昨天下午他没有钱。现在呢？　 Zuótiān xiàwǔ tā méi yǒu qián. Xiànzài ne?
5 现在有钱。　　　　　　　　　 Xiànzài yǒu qián.

나만의 핵심노트

CHAPTER 4

실전 19강 | 돈이 생겼어

欲穷千里目，更上一层楼。
Yù qióng qiān lǐ mù, gèng shàng yì céng lóu.

천리 멀리를 보고자 한다면
누각을 한 층 더 올라가야 한다.

챕터 4 요약

🔊 목표

이 챕터에 나오는 모든 단어와 문장을 정확한 발음과 성조에 따라 제대로 듣고 큰소리로 또박또박 읽고 자연스럽게 입 밖으로 술술 나오게 하겠다.

지금까지 우리가 알고 있던, 문장 끝에 놓는 了의 용법
동작의 과거표현 '~했다' 이외에
了의 또 하나의 중요한 쓰임, '변화(~이게 되다/~해졌다)'에 대해
정확히 숙지하고 활용하겠다.

🔍 유지현의 학습 포인트

우리가 알고 있던 '동작의 과거표현 了(~했다)'의 또 다른 쓰임

'변화(~해졌다/~이게 되다)'의 표현에 대해

그 특징과 쓰임을 정확하게 이해하고 사용할 줄 알아야 합니다.

꼭 기억하십시오. 안다고 그냥 넘어가지 마세요.

이해만 하고 넘어가서도 안 됩니다.

노력하지 않고도 정확한 발음이 저절로 술술 나올 수 있게 반드시

동영상을 보면서, 음성파일을 들으면서 모든 문장을 큰 소리로 읽어야

합니다.

그것이 이 [CHAPTER 4]의 미션입니다!

내 생애 첫 중국어

실전 19강
돈이 생겼어

01

또 하나의 了 ('변화' ~해졌다)를 기억해주세요!

02

문장 끝에 위치하는 了의 용법

1. 동작의 과거부정 : '~하지 않았다'
2. 상황의 변화 : '~해졌다/~이게 되었다/~하게 되었다'

CHAPTER 4

03

돈이 있다 + 了 = 돈이 있어졌다(돈이 생겼다).

有钱了。　Yǒu qián le.

*'돈이 있었다'가 아니에요, 동작이 없는 특수동사잖아요~

위의 문장에서 '了'는 '변화'(~해졌다)를 나타냅니다.

04

돈이 없다 + 了 = 돈이 없어졌다.

没有钱了。　Méi yǒu qián le.

*'돈이 없었다'가 아니에요, 동작이 없는 특수동사잖아요~

위의 문장에서 '了'는 '변화'(~해졌다)를 나타냅니다.

05

학생이다 + 了 = 학생이게 되었다(학생이 되었다).

是学生了。　Shì xuésheng le.

*'학생이었다'가 아니에요, 동작이 없는 특수동사잖아요~

위의 문장에서 '了'는 '과거'(~했다)가 아닌 '변화'(~해졌다) 입니다.

06

학생이 아니다 + 了

= 학생이 아니게 되었다(원래는 학생이었는데).

不是学生了。　Bú shì xuésheng le.

*'학생이 아니었다'가 아니에요, 동작이 없는 특수동사잖아요~

위의 문장에서 '了'는 '과거'(~했다)가 아닌 '변화'(~해졌다) 입니다.

실전 19강 / 돈이 생겼어

CHAPTER 4

07

집에 있다 + 了 = 집에 있게 되었다(원래는 아닌데).

在家了。　Zài jiā le.

*'집에 있었다'가 아니에요, 동작이 없는 특수동사잖아요~

위의 문장에서 '了'는 '과거'(~했다)가 아닌 '변화'(~해졌다) 입니다.

08

집에 없다 + 了 = 집에 없게 되었다(원래는 아닌데).

不在家了。　Bú zài jiā le.

*'집에 없었다'가 아니에요, 동작이 없는 특수동사잖아요~

위의 문장에서 '了'는 '과거'(~했다)가 아닌 '변화'(~해졌다) 입니다.

19강
문장 만들기 연습

1. 여자(남자)친구가 생겼어.

2. 책이 없어졌어.

3. 어젠 집에 있었어.

4. 어젠 돈이 없었어.

5. 그는 선생님이 되었습니다.

* 여자친구 　女朋友　 nǚ péngyou
  남자친구 　男朋友　 nán péngyou
  선생님 　　老师　　 lǎshī

19강 문장 만들기 답안

1 有女朋友了。有了女朋友。　　Yǒu nǚ péngyou le. / Yǒu le nǚ péngyou.
2 没有书了。　　　　　　　　　Méi yǒu shū le.
3 昨天在家。　　　　　　　　　Zuótiān zài jiā.
4 昨天没有钱。　　　　　　　　Zuótiān méi yǒu qián.
5 他是老师了。　　　　　　　　Tā shì lǎoshī le.

CHAPTER 5

실전 20강   형용사(어떠하다)를 소개합니다!
실전 21강   바빠졌어요.
실전 22강   형용사의 영원한 벗, 很!
실전 23강   형용사의 부정
실전 24강   결국 단어 위치가 모든 것이다!
실전 25강   형용사술어 종합점검

三岁看到老。
Sān suì kàn dào lǎo.

세 살 때 (이미) 늙어서의 모습이 보인다.

> 한국 : 세 살 버릇 여든까지 간다.

챕터 5 요약

🔊 목표

이 챕터에 나오는 모든 단어와 문장을 정확한 발음과 성조에 따라 제대로 듣고 큰소리로 또박또박 읽고 자연스럽게 입 밖으로 술술 나오게 하겠다.

중국어와 영어의 큰 차이점 중 하나인 '형용사'의 쓰임!
'중국어의 형용사'가 '영어의 형용사'와 그 쓰임이 어떻게 다른지에 대해 정확히 숙지하고 중국어의 형용사를 제대로 사용, 표현할 줄 알게 된다.

꼭 기억하십시오. 안다고 그냥 넘어가지 마세요.
이해만 하고 넘어가서도 안 됩니다.
노력하지 않고도 정확한 발음이 저절로 술술 나올 수 있게 반드시 동영상을 보면서, 음성파일을 들으면서 모든 문장을 큰 소리로 읽어야 합니다.

그것이 이 [CHAPTER 5]의 미션입니다!

🔍 유지현의 학습 포인트

지금까지 우리는 '어쩐다'에 해당하는 동작, '동사'에 대해 배웠습니다.

이 챕터에서는 '어떠하다'에 해당하는 '형용사'에 대해 알아봅니다.

우선, 영어의 형용사는 그 역할이 미미합니다. 그저 명사를 꾸미는 정도이지요.

그러나 중국어의 형용사는 그 자체로 서술어가 될 수 있습니다.

예를 들어볼까요?

영어의 'busy'는 '바쁜'이지만, 중국어의 '忙 máng'은 '바쁘다'입니다.

'busy'가 '바쁘다'가 되려면 Be동사(am/are/is/was/were 등)가 필요하지요.

또한 중국어의 형용사는 우리의 형용사와도 좀 다릅니다.

중국어의 형용사는 동작이 없으므로 과거표현이 없습니다.

그러니 형용사의 과거표현에는 了를 붙이지 않으며

형용사의 과거부정에도 동작의 과거부정인 '没 méi'가 아닌 '不 bù'를 사용합니다.

내 생애 첫 중국어

실전 20강
형용사(어떠하다)를 소개합니다!

01

술어(서술어)의 대표적인 두 종류

1. '어쩐다' (동작) = 동사
2. '어떠하다' (상태) = 형용사

02

중국어의 '형용사'란?

'어떠하다'에 해당하는 단어

예를 들면

좋다/바쁘다/어렵다/노랗다/길다/많다…

CHAPTER 5

03

'어때?'라고 물으면 나오는 대답,

이것이 '형용사'입니다.

A : 어때?

B : 심심해/착해/추워/맛있어/더러워/명랑해/싱거워…

위의 대화에서 B에 해당하는 단어가 '형용사'입니다.

04

참고로

영어의 형용사는 '어떠한'에 해당하며

명사를 꾸미는 역할을 합니다.

예를 들어

'busy'는 '바쁜'('바쁘다' 가 아니에요)

'pretty'는 '예쁜'('예쁘다' 가 아닙니다)

05

영어의 형용사는 술어가 아니죠.

술어로 사용하려면 'Be 동사'가 필요합니다.

자, 예를 들어 살펴봅시다.

06

-'바쁜(busy)'이 '바쁘다'가 되려면

Be 동사 + busy ⇒ I am busy. 나 바빠.

-'예쁜(pretty)'이 '예쁘다'가 되려면

Be 동사 + pretty ⇒ You are pretty. 너 예쁘다.

중국어와 영어의 형용사는 그 역할이 다릅니다.

중국어의 형용사는 자체적으로 서술어가 되지만

영어의 형용사는 명사를 꾸미는 역할을 할 뿐이지요.

실전 20강 / 형용사(어떠하다)를 소개합니다!

CHAPTER 5

07

바쁘다	忙	máng
좋다	好	hǎo
많다	多	duō
어렵다	难	nán
예쁘다	漂亮	piàoliang

08

보기 좋다, 근사하다	好看	hǎokàn
듣기 좋다, 감미롭다	好听	hǎotīng
(음식이)맛있다	好吃	hǎochī
(음료가)맛있다	好喝	hǎohē
놀기 좋다, 재밌다	好玩儿	hǎowánr

20강
문장 만들기 연습

1. 바쁘니 안 바쁘니?

2. 이거 맛있니? 그거 맛없어.

3. 커피는 맛있고 우유는 맛없어.

4. 여긴 많은데, 저긴 많지가 않아요.

5. 네 엄마는 예쁘시니?

* 커피 咖啡 kāfēi
  우유 牛奶 niúnǎi

20강 문장 만들기 답안

1 忙不忙?　　　　　　　　　Máng bu máng?
2 这个好吃吗? 那个不好吃。　　Zhè ge hǎochī ma? Nà ge bù hǎochī.
3 咖啡好喝, 牛奶不好喝。　　　Kāfēi hǎohē, niúnǎi bù hǎohē.
4 这儿多, 那儿不多。　　　　　Zhèr duō, nàr bù duō.
5 你妈妈漂亮吗?　　　　　　　Nǐ māma piàoliang ma?

나만의 핵심노트

내 생애 첫 중국어

실전 21강
바빠졌어요

01

형용사 술어문(어떠하다)에 '了 le'가 있다면 그건 무조건 '~해졌다'입니다. 왜일까요?
중국어는 동작에만 '과거' 표현을 쓰니까요!

02

好看。　　　　　Hǎokàn.

보기 좋다.

好看了。　　　　Hǎokàn le.

보기 좋아졌다.

* '보기 좋았다'가 아니에요.

03

好听。 Hǎotīng.

듣기 좋다.

好听了。 Hǎotīng le.

듣기 좋아졌다.

* '듣기 좋았다'가 아니에요.

04

好吃。 Hǎochī.

맛있다.

好吃了。 Hǎochī le.

맛있어졌다.

* '맛있었다'가 아니랍니다.

05

忙。 Máng.
바쁘다.

忙了。 Máng le.
바빠졌다.

好。 Hǎo.
좋다.

好了。 Hǎo le.
좋아졌다.

06

多。 Duō.
많다.

多了。 Duō le.
많아졌다.

难。 Nán.
어렵다.

难了。 Nán le.
어려워졌다.

실전 21강 / 바빠졌어요

07

漂亮。 Piàoliang.	漂亮了。 Piàoliang le.
예쁘다.	예뻐졌다.

冷。 Lěng.	冷了。 Lěng le.
춥다.	추워졌다.

08

동작이 없는 문장에 '了'가 있다면 그건 '변화(~해졌다)'의 了임을 기억해주세요!

예외없이 '무조건'입니다. ^^

21강
문장 만들기 연습

1. 올해 우린 바빠졌어요.

2. 올해 문제가 어려워졌습니다.

3. 그들이 많아졌어요.

4. 할아버지와 할머니께서는 좋아지셨다.

5. 걔들 예뻐졌니?

* 올해 今年 jīnnián
   내년 明年 míngnián

21강 문장 만들기 답안

1 今年我们忙了。　　Jīnnián wǒmen máng le.
2 今年问题难了。　　Jīnnián wèntí nán le.
3 他们多了。　　　　Tāmen duō le.
4 爷爷和奶奶好了。　Yéye hé nǎinai hǎo le.
5 她们漂亮了。　　　Tāmen piàoliang le.

나만의 핵심노트

내 생애 첫 중국어

실전 22강
형용사의 영원한 벗, 很!

01

'어떠하다(형용사)'라고 말할 때 중국인들은 습관적으로 그 앞에 '很 hěn'을 붙여줍니다.

02

'很 hěn'이 무엇이기에

'어떠하다'에 해당하는 말을 할 때마다 그 앞에

항상 이 친구를 붙여줄까요?

CHAPTER 5

03

'很'은 '매우, 아주'라는 뜻을 가진 정도부사입니다만, '어떠하다'에 해당하는 단어를 말할 땐 중국인들이 '매우, 아주'라는 의미 없이, 습관적으로 그냥 형용사 앞에 '很 hěn'을 붙여 말합니다.

04

好看吗?　　　　　Hǎokàn ma?

보기 좋아?

很好看。　　　　　Hěn hǎokàn.

보기 좋아.

*'매우 보기 좋다'라는 뜻으로 很을 붙이는 게 아니에요.

05

好听吗?   Hǎotīng ma?

듣기 좋니?

很好听。   Hěn hǎotīng.

듣기 좋다.

*'매우 듣기 좋다'라는 뜻으로 很을 붙이는 게 아니에요.

06

好吃吗?   Hǎochī ma?

맛있습니까?

很好吃。   Hěn hǎochī.

맛있어요.

*'아주 맛있다'라는 뜻으로 很을 붙이는 게 아니에요.

실전 22강 / 형용사의 영원한 벗, 很!

CHAPTER 5

07

忙吗?	Máng ma?	很忙。	Hěn máng.
바쁘니?		바빠.	

好吗?	Hǎo ma?	很好。	Hěn hǎo.
좋니?		좋아.	

08

难吗?	Nán ma?	很难。	Hěn nán.
어렵니?		어려워.	

漂亮吗?	Piàoliang ma?	很漂亮。	Hěn piàoliang.
예뻐?		예쁩니다.	

22강
문장 만들기 연습

1   바쁘니? 바빠.

2   어렵나요? 어려워요.

3   좋습니까? 좋습니다.

4   너 목마르니? 저 목말라요.

5   너희들 배고프니? 난 배고프고 앤 배고프지 않아.

* 배고프다 饿 è

22강 문장 만들기 답안

1 忙吗? 很忙。   Máng ma? Hěn máng.
2 难吗? 很难。   Nán ma? Hěn nán.
3 好吗? 很好。   Hǎo ma? Hěn hǎo.
4 你渴吗? 我很渴。   Nǐ kě ma? Wǒ hěn kě.
5 你们饿吗? 我饿，他不饿。   Nǐmen è ma? Wǒ è, tā bú è.

내 생애 첫 중국어

실전 23강
형용사의 부정

01

好看吗? Hǎokàn ma? 　不好看。 Bù hǎokàn.
보기 좋아? 　　　　　　보기 안 좋아.

好听吗? Hǎotīng ma? 　不好听。 Bù hǎotīng.
듣기 좋니? 　　　　　　듣기 좋지 않아.

02

好吃吗? Hǎochī ma? 　不好吃。 Bù hǎochī.
맛있나요? 　　　　　　맛없어요.

忙吗? Máng ma? 　不忙。 Bù máng.
바쁩니까? 　　　　　　바쁘지 않아요.

CHAPTER 5

03

好吗? Hǎo ma?   不好。 Bù hǎo.
좋아요?   좋지 않아.

多吗? Duō ma?   不多。 Bù duō.
많니?   많지 않아.

04

难吗? Nán ma?   不难。 Bù nán.
어렵니?   안 어려워.

漂亮吗? Piàoliang ma?   不漂亮。 Bú piàoliang.
예쁜가요?   예쁘지 않아요.

165

05

부정문에는 很 hěn을 붙이지 않는다는 것,

기억하고 계시지요?

만일 很 hěn을 붙이면

'매우, 아주'라는 의미가 살아납니다.

06

很(不好看)。 Hěn bù hǎokàn.
아주 보기 싫다.

很(不好听)。 Hěn bù hǎotīng.
아주 듣기 싫다.

很(不好吃)。 Hěn bù hǎochī.
매우 맛없다.

CHAPTER 5

실전 23강 / 형용사의 부정

07

太(不好看)。　　Tài bù hǎokàn.
너무 보기 싫다.

太(不好听)。　　Tài bù hǎotīng.
너무 듣기 싫다.

太(不好吃)。　　Tài bù hǎochī.
너무 맛없다.

08

'太 tai'는 '너무, 지나치게'라는 뜻을 가진,

'很 hěn' 보다 정도가 강한 부사입니다.

그리고 문장 끝에 '변화의 了'와 함께

'太~了'형태로 자주 쓰이며, 의미는 같습니다.

너무 좋다 太好。　　Tài hǎo.　　　　너무 춥다 太冷。　　Tài lěng.
　　　　　太好了。　　Tài hǎo le.　　　　　　　太冷了。　　Tài lěng le.

23강
문장 만들기 연습

1 이거 너무 맛없어.

2 우리 형은 아주 안 좋아. 네 오빠는?

3 울 오빠도 너무 좋지는 않아(그저 그래).

4 쟤 너무 보기 싫어.

5 그거 아주 맛나진 않아(그저 그래).

* ~도 也 yě

23강 문장 만들기 답안

1 这个太不好吃。　　　　　　　Zhè ge tài bù hǎochī.
2 我哥哥很不好，你哥哥呢？　　Wǒ gēge hěn bù hǎo, nǐ gēge ne?
3 我哥哥也不太好。　　　　　　Wǒ gēge yě bú tài hǎo.
4 他太不好看。　　　　　　　　Tā tài bù hǎokàn.
5 那个不很好吃。那个不太好吃。Nà ge bù hěn hǎochī. / Nà ge bú tài hǎochī.

나만의 핵심노트

중국어 TIP!

내 생애 첫 중국어

실전 24강
결국 단어 위치가 모든 것이다!

01

단어가 어디에 놓이느냐에 따라 문장 전체의 의미가 달라집니다. 오늘은 부정사 '不'의 위치에 따라 달라지는 의미를 살펴볼게요.

02

不(很好看)。　　　Bù hěn hǎokàn.

아주 보기 좋지는 않아.(아주 보기 싫지도 않지만)

不(太好看)。　　　Bú tài hǎokàn.

너무 보기 좋지는 않아.(그저 그래)

不(很好听)。　　　Bù hěn hǎotīng.

그리 듣기 좋진 않아.(아주 듣기 싫지도 않지만)

不(太好听)。　　　Bú tài hǎotīng.

너무 듣기 좋지는 않아.(그저 그래)

CHAPTER 5

03 不(很好吃)。　　　Bù hěn hǎochī.

그렇게 맛있진 않아요.(썩 맛없는 건 아니지만)

不(太好吃)。　　　Bú tài hǎochī.

너무 맛있진 않아요.(그저 그래요)

不(很忙)。　　　Bù hěn máng.

아주 바쁘지는 않아.(그렇게 한가하지도 않지만)

不(太忙)。　　　Bú tài máng.

너무 바쁘진 않아.(그저 그래)

04 不(很好)。　　　Bù hěn hǎo.

매우 좋진 않아.(그리 나쁘지도 않지만)

不(太好)。　　　Bú tài hǎo.

너무 좋은 건 아냐.(너무 나쁜 것도 아니지만)

不(很多)。　　　bù hěn duō.

아주 많지는 않습니다.(적지도 않지만)

不(太多)。　　　bú tài duō.

너무 많진 않아요.(너무 적은 것도 아니지만)

05 不(很难)。　　Bù hěn nán.

그리 어렵진 않아요.(쉽지도 않지만)

不(太难)。　　Bú tài nán.

너무 어려운 건 아냐.(썩 쉽지도 않지만)

不(很漂亮)。　　Bú hěn piàoliang.

아주 예쁘지는 않아.(아주 못생기지도 않지만)

不(太漂亮)。　　Bú tài piàoliang.

너무 예쁜 건 아냐.(썩 못나지도 않았지만)

06

문법적으로

'不+很+어떠하다'와

'不+太+어떠하다'는 비슷한 구형이지만,

현대 중국어에서는

'不+太+어떠하다'

표현을 선호하고 주로 이를 사용합니다.

실전 24강 / 결국 단어 위치가 모든 것이다!

CHAPTER 5

07

그럼 이제 '太不~'와 '不太~'를 비교해서 살펴봅시다.

太(不好)   Tài bù hǎo.
너무 안 좋아. (안 좋은 정도가 매우 심함)

不(太好)   Bú tài hǎo.
너무 좋지는 않아. (그리 좋진 않아)

08

太(不漂亮)   Tài bú piàoliang.
너무 안 예뻐. (안 예쁜 정도가 매우 심함)

不(太漂亮)   Bú tài piàoliang.
그리 이쁘지는 않아. (별로 안 예뻐)

24강
문장 만들기 연습

1. 너무 예쁘진 않아.

2. 아주 재미있는 건 아냐.

3. 너무 재미없어.

4. 그리 바쁘진 않아.

5. 그렇게 춥진 않아(별로 안 추워).

24강 문장 만들기 답안

1 不太漂亮。　　　　　　Bú tài piàoliang.
2 不很好玩儿。不太好玩儿。　Bù hěn hǎowánr. / Bú tài hǎowánr.
3 太不好玩儿。　　　　　Tài bù hǎowánr.
4 不太忙。　　　　　　　Bú tài máng.
5 不太冷。　　　　　　　Bú tài lěng.

나만의 핵심노트

실전 25강
형용사술어 종합점검

01

这个好吗?   Zhè ge hǎo ma?

이거 좋니?

02

那个不好。   Nà ge bù hǎo.

그거 안 좋아.

那个很好。   Nà ge hěn hao.

그거 좋아.

03

那儿好吗?   Nàr hǎo ma?
거기 좋았니?

물론 '거기 좋니?'도 됩니다.

04

那儿不好。   Nàr bù hǎo.
거기 안 좋았어.

물론 '거기 안 좋아'도 됩니다.

那儿很好。   Nàr hěn hao.
거기 좋았어.

물론 '거기 좋아'도 됩니다.

05

那儿很(不好)。　Nàr hěn bù hǎo.

거기 아주 안 좋았어.

'거기 아주 안 좋아'도 됩니다.

那儿太(不好)。　Nàr tài bù hǎo.

거기 너무 안 좋았어.

'거기 너무 안 좋아'도 됩니다.

06

부분부정의 표현에 정도부사 很(hěn 아주, 매우) 대신 太(tài 너무, 지나치게)로 대체할 수 있어요.

현대 중국어에서는 '不很~' 보다는

'不太~' 형태를 더 애용한다는 것, 기억하고 계시죠?

아무래도 很 보다는 太의 정도가 훨씬 강하기 때문이겠지요.

실전 25강 / 형용사술어 종합점검

07

那儿不(太好)。   Nàr bú tài hǎo.

거기 그렇게 좋진 않았어.

'거기 그리 좋진 않아도 됩니다.

08

그리 바쁘진 않아.

그리 바쁘진 않았어.

그렇게 바쁜 건 아니야.

별로 안 바빠.

별로 안 바빴어.

모두 아래와 같이 표현하면 됩니다.

不太忙。 Bú tài máng.

CHAPTER 6

실전 26강	내 것은 여기에 있다 <중국인이 가장 애용하는 단어 '的 de' 1>
실전 27강	그녀가 만나는 친구는 좋니? <중국인이 가장 애용하는 단어 的 de 2>
실전 28강	그들은 좋은 것을 사지 않아 <중국인이 가장 애용하는 단어 的 de 3>
실전 29강	돈 없을 땐 오지 마! <중국인이 가장 애용하는 단어 的 de 4>

种瓜得瓜，种斗得斗。
Zhǒng guā dé guā, zhǒng dòu dé dòu.

오이를 심으면 오이를 얻고, 콩을 심으면 콩을 얻는다.

한국 : 콩 심은 데 콩 나고, 팥 심은 데 팥 난다

챕터 6 요약

 목표

이 챕터에 나오는 모든 단어와 문장을 정확한 발음과 성조에 따라 제대로 듣고 큰소리로 또박또박 읽고 자연스럽게 입 밖으로 술술 나오게 하겠다.

중국인이 가장 많이 사용하는 단어 '的 de'에 대해 정확히 숙지하고 활용하겠다.

🔍 유지현의 학습 포인트

중국인이 가장 많이 사용하는 단어 '的 de'의 의미와 표현에 대해
그 특징과 쓰임을 정확하게 이해하고 사용할 줄 알아야 합니다.

꼭 기억하십시오. 안다고 그냥 넘어가지 마세요.
이해만 하고 넘어가서도 안 됩니다.
노력하지 않고도 정확한 발음이 저절로 술술 나올 수 있게 반드시
동영상을 보면서, 음성파일을 들으면서 모든 문장을 큰 소리로 읽어야
합니다.

그것이 이 [CHAPTER 6]의 미션입니다!

내 생애 첫 중국어

실전 26강
내 것은 여기에 있다

중국인이 가장 애용하는 단어 '的 de' 1

01

'的 de'는 매우 다양한 기능을 가진 대단히 중요한 조사입니다.

02

'的 de'는 명사 앞에 놓이며

오늘은 그 중 가장 널리 알고 있고

쓰이고 있는 기본적인 내용을 살펴보겠습니다.

CHAPTER 6

03 우리가 오늘 공부할 '的'의 의미는
'~의 / ~의 것'입니다.

04

我的   wǒ de
나의 / 나의 것

你的   nǐ de
너의 / 너의 것

05 朋友的　　　　　péngyou de

친구의 / 친구의 것

那是朋友的吗?　　Nà shì péngyou de ma?

그건 친구 꺼니?

那是朋友的书吗?　Nà shì péngyou de shū ma?

그건 친구의 책이니?

---

06 你的在那儿吗?　　Nǐ de zài nàr ma?

네 것이 저기에 있니?

我的在这儿。　　　Wǒ de zài zhèr.

내 것은 여기 있어.

他的汉语书在那儿吗?　Tā de Hànyǔ shū zài nàr ma?

그의 중국어책이 저기 있니?

他的汉语书在那儿。　Tā de Hànyǔ shū zài nàr.

그의 중국어책 저기에 있어.

실전 26강 / 내 것은 여기에 있다

CHAPTER 6

07

那是我的吗？   Nà shì wǒ de ma?

그거 내꺼니?

这不是你的。   Zhè bú shì nǐ de.

이거 네 것 아냐.

08

她的朋友在这儿吗？

Tā de péngyou zài zhèr ma?

그녀의 친구가 여기에 있니?

她的朋友不在这儿，在我家。

Tā de péngyou bú zài zhèr, zài wǒ jiā.

그녀의 친구는 여기에 없고 우리 집에 있어.

26강
문장 만들기 연습

1 네 것은 많니?

2 내 책은 좋은데, 친구 것은 별로 좋지 않아.

3 우리의 것은 저기에 있어. 이건 우리 것이 아냐.

4 거기는 선생님 댁이야.

5 선생님의 것이 교실 안에 있니 없니?

26강 문장 만들기 답안

1 你的多吗?   Nǐ de duō ma?
2 我的书好，朋友的不太好。   Wǒ de shū hǎo, péngyou de bú tài hǎo.
3 我们的在那儿，这不是我们的。   Wǒmen de zài nàr, zhè bú shì wǒmen de.
4 那儿是老师的家。那里是老师的家。   Nàr shì lǎoshī de jiā. / Nàli shì lǎoshī de jiā.
5 老师的在不在教室里?   Lǎoshī de zài bu zài jiàoshì li?

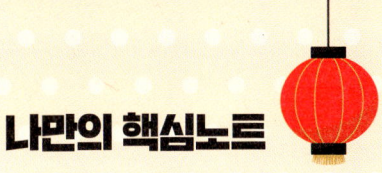

내 생애 첫 중국어

실전 27강
그녀가 만나는 친구는 좋니?

중국인이 가장 애용하는 단어 '的 de' 2

01

동사 뒤에 的를 붙이면
'~하는/~하는 것, ~한 것'이 됩니다.

02

吃　　　　　　　chī
먹다

吃的　　　　　　chī de
먹는/먹은

吃的　　　　　　chī de
먹는 것/먹은 것

CHAPTER 6

03

说　　　　　　shuō
말하다

说的　　　　　shuō de
말하는/말한

说的　　　　　shuō de
말하는 것/말한 것

04

我吃的　　　　wǒ chī de
내가 먹는/먹은 (것)

我吃的饭　　　wǒ chī de fàn
내가 먹는/먹은 밥

05

那是你吃的饭吗?   Nà shì nǐ chī de fàn ma?

그건 네가 먹는 밥이니?

这是我吃的饭。   Zhè shì wǒ chī de fàn.

이것이 내가 먹는(먹은) 밥이야.

06

那是你吃的吗?   Nà shì nǐ chī de ma?

그것이 네가 먹는(먹은) 것이니?

这是我吃的。   Zhè shì wǒ chī de.

이거 내가 먹는(먹은)거야.

실전 27강 / 그녀가 만나는 친구는 좋니?

07

你看的书在这儿吗?

Nǐ kàn de shū zài zhèr ma?

네가 보는(본) 책이 여기(에) 있니?

08

她见的   tā jiàn de

그녀가 만나는(만난) (것)

她见的朋友   tā jiàn de péngyou

그녀가 만나는(만난) 친구

27강
문장 만들기 연습

| 1 | 이것이 먹는 것이니? |

| 2 | 그건 먹는 거 아니야, 보는 거야. |

| 3 | 할아버지가 드신 것이 이거야. |

| 4 | 그건 우리가 오늘 먹은 거야. |

| 5 | 너희, 우리가 오늘 먹은 음식을 만들어라. |

* 만들다, 하다 做 zuò

27강 문장 만들기 답안

1 这是吃的吗?　　　　　　Zhè shì chī de ma?
2 那不是吃的，是看的。　　Nà bú shì chī de, shì kàn de.
3 爷爷吃的是这个。　　　　Yéye chī de shì zhè ge.
4 那是我们今天吃的。　　　Nà shì wǒmen jīntiān chī de.
5 你们做今天我们吃的菜吧!　Nǐmen zuò jīntiān wǒmen chī de cài ba!

내 생애 첫 중국어

실전 28강
그들은 좋은 것을 사지 않아

중국인이 가장 애용하는 단어 '的 de' 3

01

형용사 뒤에 的를 붙이면
'어떠한/ 어떠한 것'이 됩니다.

02

好吃　　　hǎochī
맛있다

好吃的　　hǎochī de
맛있는

好吃的　　hǎochī de
맛있는 것

03

好听 　　　　　　hǎotīng
듣기 좋다

好听的 　　　　　hǎotīng de
듣기 좋은

好听的 　　　　　hǎotīng de
듣기 좋은 것

04

不难 　　　　　　bù nán
어렵지 않다

不难的 　　　　　bù nán de
어렵지 않은

不难的 　　　　　bù nán de
어렵지 않은 것

05

漂亮的朋友来吗?

Piàoliang de péngyou lái ma?

예쁜 친구가 옵니까?

漂亮的朋友来。   Piàoliang de péngyou lái.

예쁜 친구가 옵니다.

06

漂亮的朋友来不来?

Piàoliang de péngyou lái bu lái?

예쁜 친구는 와요 안 와요?

漂亮的朋友不来。   Piàoliang de péngyou bù lái.

예쁜 친구는 안 와.

실전 28강 / 그들은 좋은 것을 사지 않아

CHAPTER 6

07

我们买好看的。　　Wǒmen mǎi hǎokàn de.

우린 보기 좋은 것을 사요.

他们不买好的。　　Tāmen bù mǎi hǎo de.

그들은 좋은 것을 안 사.

08

不难的汉语　　　bù nán de Hànyǔ

어렵지 않은 중국어

不太难的汉语　　bú tài nán de Hànyǔ

그리 어렵지 않은 중국어

28강
문장 만들기 연습

1	너무 맛있는 음식
2	보기 좋은 그림을 그린다.
3	예쁜 아기고양이
4	어렵지 않은 중국어
5	그리 어렵지 않은 문제

* 그리다   画   huà   그림   画   huàr
  고양이   猫   māo   새끼고양이   小猫   xiǎomāo
  개   狗   gǒu   강아지   小狗   xiǎogǒu

28강 문장 만들기 답안

1 太好吃的菜   tài hǎochī de cài
2 画好看的画儿。   Huà hǎokàn de huàr.
3 漂亮的小猫   piàoliang de xiǎomāo
4 不难的汉语   bù nán de Hànyǔ
5 不太难的问题   bú tài nán de wèntí

나만의 핵심노트

내 생애 첫 중국어

실전 29강
돈 없을 땐 오지 마!

중국인이 가장 애용하는 단어 '的 de' 4

01

时候   shíhou   ~的时候   ~de shíhou
때, 무렵   ~할 때 / ~할 무렵

02

来   lái   来的时候   lái de shíhou
온다   올 때

你们来。   Nǐmen lái.
너희가 온다.

你们来的时候   nǐmen lái de shíhou
너희가 올 때

CHAPTER 6

03

你们来这儿。　　　Nǐmen lái zhèr.

너희가 여기 온다.

你们来这儿的时候　nǐmen lái zhèr de shíhou

너희가 여기 올 때

04

明天你们来这儿。

Míngtiān nǐmen lái zhèr.

내일 너희가 여기에 온다.

明天你们来这儿的时候

míngtiān nǐmen lái zhèr de shíhou

내일 너희가 여기 올 때

05

在家。   Zài jiā.

집에 있다.

在家的时候   zài jiā de shíhou

집에 있을 때

06

有时间。   Yǒu shíjiān.

시간이 있다.

有时间的时候   yǒu shíjiān de shíhou

시간이 있을 때

CHAPTER 6
실전 29강 / 돈 없을 땐 오지마!

07

有问题。　　　　　Yǒu wèntí.

질문이 있다 / 문제가 있다

有问题的时候　　　yǒu wèntí de shíhou

질문이 / 문제가 있을 때

08

만들고 싶은 문장을 다 만들고 나서

그 뒤에 '~的时候 ~de shíhou'만 붙이면

'~할 때'가 됩니다. 쉽지요?!!

꼭 기억해두고 잘 활용하시기 바랍니다!

29강
문장 만들기 연습

1 어제 그들이 여기에 있을 때 엄마가 오셨어.

2 오전에 너희가 중국어책을 볼 때 난 요리를 했어.

3 작년에 내가 학생이었을 때 너희도 학생이었니?

4 내년에 중국에 갈 때, 우리 같이 가자.

5 내일 선생님 도착하실 때 너도 와라!

* 중국 　 中国　 Zhōngguó
  같이, 함께 　一起　 yìqǐ

29강 문장 만들기 답안

1 昨天他们在这儿的时候，妈妈来了。　　Zuótiān tāmen zài zhèr de shíhou, māma lái le.
2 上午你们看汉语书的时候，我做菜了。　　Shàngwǔ nǐmen kàn Hànyǔ shū de shíhou, wǒ zuò cài le.
3 去年我是学生的时候，你也是学生吗？　　Qùnián wǒ shì xuésheng de shíhou, nǐ yě shì xuésheng ma?
4 明年去中国的时候，我们一起去吧！　　Míngnián qù Zhōngguó de shíhou, wǒmen yìqǐ qù ba!
5 明天老师到的时候，你也来吧。　　Míngtiān lǎoshī dào de shíhou, nǐ yě lái ba!

CHAPTER 7

실전 30강 | 뭘 원하세요?

入乡随俗
rù xiāng suí sú

그 고장에 가면 그곳의 풍습을 따른다.

한국 : 로마에 가면 로마법을 따르라

챕터 7 요약

🔊 목표

이 챕터에 나오는 모든 단어와 문장을 정확한 발음과 성조에 따라 제대로 듣고 큰소리로 또박또박 읽고 자연스럽게 입 밖으로 술술 나오게 하겠다.

물어보는 단어, 의문대명사(중국인들은 '의문대사'라고 합니다)에 대해 정확히 숙지하고 활용하겠다.

🔍 유지현의 학습 포인트

의문대명사의 표현에 대해

그 특징과 쓰임을 정확하게 이해하고 올바로 사용할 줄 알아야 합니다.

꼭 기억하십시오. 안다고 그냥 넘어가지 마세요.

이해만 하고 넘어가서도 안 됩니다.

노력하지 않고도 정확한 발음이 저절로 술술 나올 수 있게 반드시 동영상을 보면서, 음성파일을 들으면서 모든 문장을 큰 소리로 읽어야 합니다.

그것이 이 [CHAPTER 7]의 미션입니다.

내 생애 첫 중국어

실전 30강
뭘 원하세요?

01

什么   shénme
무엇/무슨

要   yào
원하다 / 필요하다

02

물어보는 단어 - 무엇, 누구, 어디, 언제, 몇, 얼마, 왜, 어때...
로 질문할 땐
문장 끝에 吗 ma는 붙이지 않습니다.

CHAPTER 7

03

她要什么?   Tā yào shénme?

그녀가 무엇을 원하니?

她要那个。   Tā yào nà ge.

그녀는 그걸 원해.

04

你有什么?   Nǐ yǒu shénme?

너 뭐가 있니?

我有时间。   Wǒ yǒu shíjiān.

난 시간이 있어.

05

那是什么？　　　　　Nà shì shénme?

그건 뭐니?

这是我的汉语书。　Zhè shì wǒ de Hànyǔ shū.

이건 내 중국어책이야.

06

他看什么？　　　　　Tā kàn shémme?

그는 무엇을 보니?

他看电影。　　　　　Tā kàn diǎnyǐng.

그는 영화를 봐.

실전 30강 / 뭘 원하세요?

CHAPTER 7

07

她看什么了？／她看了什么？
Tā kàn shénme le? / Tā kàn le shénme?

그녀가 무얼 봤니?

她看钱包了。　　　　Tā kàn qiánbāo le.

그녀는 지갑을 봤어.

08

什么가 목적어(~을/를)일 때

'과거'를 표현하는 了는 기존과 같이 문장 끝에 놓아도 되고 특별히 동사술어(동작) 뒤에 놓아도 됩니다.

30강
문장 만들기 연습

1. 네 것은 뭐야?

2. 무슨 책을 보니?

3. 이게 뭐야?

4. 그들이 무슨 요리를 좋아하나요?

5. 난 네 것을 원하는데, 넌 뭘 원하니?

* 좋아하다 喜欢 xǐhuan

30강 문장 만들기 답안

1 你的是什么?　　Nǐ de shì shénme?
2 看什么书?　　　Kàn shénme shū?
3 这是什么?　　　Zhè shì shénme?
4 他们喜欢什么菜?　Tāmen xǐhuan shénme cài?
5 我要你的，你要什么?　Wǒ yào nǐ de, nǐ yào shénme?

나만의 핵심노트

> 마무리 하는 말
> Epilogue

중국어야, 고맙다!

친절하고 명랑한, 공부 빼고는 뭐든 잘 하던 호기심 가득한 예쁜 여자아이는 어려서부터 막연히 대학교수가 되는 것이 꿈이었습니다. 점수에 맞춰 당시 지방 삼류대학이라고 부르는 곳의 중문과에 들어간 아이는 중국어를 전공하게 됐으니 당연히 중국어 교수가 될 거라고 생각합니다.

동아리 활동, 총학생회 활동 등 다양한 대학생활 중 전공수업시간에 과제로 받은 강의 발표를 하면 '발표란 자고로 이렇게 하는 거라는 모범 답안을 보여줬다'며 '역대 최고의 발표'라는 과분한 칭찬을 담당교수께 받는가 하면 대학 4학년 시절 호기심에 나가 본 학술대회에선 뜻밖의 대상을 받기도 하면서 가르치고 발표하고 하는 일련의 일들이 내가 좋아하고 내게 잘 어울리고 내가 잘 할 수 있는 일임을 알게 됩니다.

대학원 졸업 무렵에는 지도교수 추천으로 출신대학 1호 대학 강사로서 한 대학 중문학과에 출강하게 되었습니다. 훗날 어려서부터 꿈꾸던 교수('겸임교수'이긴 하지만) 도 되었지요. 중국어 관련 특허도 냈답니다!

중국어라곤 방학을 이용해 나가는 해외연수가 전부였던 그녀는 대학원 졸업반 무렵이 되어서야 비로소 부랴부랴 본격적인 중국어 공부를 합니다.

막상 중국어의 세계에 풍덩 빠져서 보니, 이 중국어라는 친구는 나 같은 게으름뱅이가 배우기에는 세상에 둘도 없는 언어였습니다. 외국어 배울 때 귀찮고 힘들고 짜증나던 모든 문법사항들은 전혀 존재하지 않았으며 발음과 4가지 성조(글자마다의 높낮이)를 해결하고 보니 중국어라는 친구는 그야말로 누워서 떡 먹기보다도 훨씬 더 쉽고 간단한, 매력 넘치는 녀석임을 발견하게 됐죠. 마치 신대륙을 발견한 듯, 온 세상을 다 얻은 것 같은, 말로 표현하기 힘든 기쁨을 느꼈지요.

그리곤 결심했습니다.

중국어는 어렵고, 그래서 배우기에 어렵다는, 이 땅에 팽배한 중국어에 대한 잘못된 편견을 깨주고 제대로 배우기만 한다면 중국어는 한국인이 배우기에 가장 쉬운 외국어임을 내가, 나 유지현이 세상에 알려야겠다고!

나는 대한민국 최고의 중국어 강사가 되어 중국어를 배우고자 하는 이들이 쉽고 재미있게, 내가 공부한 방법으로 중국어를 배우게 하겠다고!

'유지현나라'는 오픈과 동시에 문전성시를 이루며 승승장구 해나갔고 대기자 수가 두 자리를 넘어서는 사태가 벌어지면서 뭔가 해결책을 모색하던 중,
언제 어디서 누구나, 365일 24시간, 시간과 장소에 구애받지 않고 중국어를 배울 수 있는 인터넷 동영상 강의에 눈을 돌리게 되었고 동영상 강의 역시 오픈 2개월 만에 국내 중국어교육부문 1위를 차지하면서 입소문이 퍼져나가기 시작했습니다.

'유지현나라'의 특징인 '나만 혼자 알고 싶은 강좌', '가족에게만 소개하는 강좌', '남에겐 절대로 알려주지 않는 강좌'는 이렇게 하여 세상에 나오게 되었고, 이로써 인터넷을 연결하기만 하면 내 강의를 듣고자 하는 그 누구든 나의 중국어강의를 들을 수 있게 되었습니다.

전국 각지, 아니 미국, 중국, 캐나다, 호주 등 여러 나라에서 어떻게들 알고 오시는지 많은 분들이 유지현 강사의 강의를 듣기 위해 사이트를 방문해 주셨고 '대한민국

전 국민, 중국어에 대한 편견 없애기' 프로젝트의 일환으로 제작해 보급한 저의 100% 무료 중국어 동영상 사이트 '이지차이나'를 보신 많은 분들이 일면식도 없는 제게 중국어 하나 제대로 잘 가르쳐 드렸다는 이유 하나만으로 남녀노소, 지위고하, 도시농촌을 가리지 않고 감동의 후기를 남겨주셨습니다.

세상을 다 얻었다는 칭찬의 글, 절망의 끝에서 인생역전의 기회가 되었다는 감사의 글, 70평생 이런 강의는 어디서도 들어보지 못했다고, 이런 선생을 어릴 적에 만났더라면 인생이 달라졌을 거라는 감동의 글을 보내기도 해주셨습니다.

중국어를 가르치는 사람이라면 무조건 유지현 선생님 강의를 우선 듣고 학생을 가르쳐야 한다는 현직 중국어 교사의 글을 읽으며 일종의 막중한 사명감도 다시금 되새겼고, 산골에 사는 장애인이라고 밝히신 분은 부모도 해주지 못한 일을 유지현 선생님이 해주었다고 눈물의 후기를 적어주셨고요,

왜 이제야 이런 강의를 알게 했냐고, 왜 더 널리 알리지 않느냐고, 누구나 알 수 있고 볼 수 있고 찾을 수 있도록 부지런히 광고를 더 해주셔야 되는 거 아니냐는 원망 섞인 후기도 받았습니다.

처음부터 유지현 선생님 강의로 중국어를 시작하게 된 사람은 '전생에 나라를 구한 행운아'라는 농담 같은 말씀에 어깨 으쓱이면서도 더 많이 겸손해져야 겠다고 다짐도 하였습니다.

이러한 진심이 가득 담긴 한 분 한 분의 강좌후기는 저를 더욱 바짝 긴장하고 정신 차리게 해 주시는 보약이고 당근이고 채찍질이 되어 조금 더 쉽게, 조금 더 재밌게'를 제 뇌리에서 떠나지 않게 해주었습니다.

그러면서 불현듯 이런 생각을 하게 되었습니다. '스스로 찾아와주시는 분께 최고의 강의로 보답하는 것도 매우 중요하겠으나 이제 내가 먼저 앞장서서 '유지현이라는 사람의 이런 방식의 중국어 강의가 있음'을 미리 알려드림으로써 중국어를 배우고자

하시는 관심 있는 분들이 처음부터 중국어의 첫 단추를 올바로 낄 수 있도록 도와드리는 것이야 말로 많은 분들의 불필요한 시간과 비용과 노력을 덜어 드리고 가장 안전한 방법으로 가장 빨리, 가장 올바르게, 가장 쉽고 재미있게 지름길을 찾아 중국어와 진정한 친구가 되게 해드리는 것'이라고…
그리하여 저 유지현이 '이지차이나 3분중국어'의 《내 생애 첫 중국어》를 가지고 이렇게 여러분을 직접 찾아뵙게 되었습니다.

여러분의 행운을 빕니다.

2018년 8월 여름,
작렬하는 태양과 벗하며
100년만의 무더위와 함께 마린시티에서…
게으른 욕심쟁이 중국어 강사 유지현

부록

HSK 1급 어휘 (성조별, 품사별 정리)

중국어 무료 동영상강좌 '이지차이나 홈페이지 easychina.kr'의
'기초강좌 보너스강'에 수록된 '단어편'을 참고해주시기 바랍니다.
(공부하시는여러분의 어휘력 향상을 위해 단어의 한국어 뜻은 올리지 않았습니다)

단어암기 tip

중국어 단어를 공부할 때는 영어나 일본어처럼 해선 안 됩니다.
중국어는 모든 글자마다 '성조'라고 하는
각각의 높낮이가 정해져 있는 언어이기 때문입니다.
자, 꼭 기억하시고 이 방법을 따라주시기 바랍니다.
중국어 단어를 가장 쉽고 빠르고 정확하게 외울 수 있는 방법이니까요.

중국어 단어를 외울 때는 반드시
1 정확한 발음과 성조로
2 여러 번 반복하여
3 큰 소리로 따라 읽으면서
4 중국어와 한국어 뜻을 함께 말합니다.

이렇게 중국어와 한국어를 번갈아가며 크게 말하다보면
어느새 내 귀가 듣게 되고 뇌에 저장되므로
더 오래 기억되고, 더 잘 외울 수 있습니다.

기억하세요, 중국어 단어는 큰 소리로!! ^^

1급 단어
- 1성

명사

jiā	家
shāngdiàn	商店
yīyuàn	医院
Zhōngguó	中国
jīntiān	今天
zhōngwǔ	中午
xīngqī	星期
fēnzhōng	分钟
māma	妈妈
yīshēng	医生
xiānsheng	先生
yīfu	衣服
bēizi	杯子
fēijī	飞机
chūzūchē	出租车
tiānqì	天气
māo	猫
dōngxi	东西
shū	书
zhuōzi	桌子
duōshǎo	多少

동사

tīng	听
shuō/huà	说/话
chī	吃
hē	喝

kāi	开
gōngzuò	工作

형용사

duō	多
gāoxìng	高兴

대사(대명사)

tā	他
tā	她
duōshao	多少

양사

xiē	些

부사

dōu	都

- 2성

명사

xuéxiào	学校
qiánmiàn	前面
míngtiān	明天
zuótiān	昨天
nián	年
shíhou	时候
érzi	儿子
xuésheng	学生
tóngxué	同学
péngyou	朋友

chá	茶
qián	钱
rén	人
míngzi	名字

부사

méi	没

동사

lái	来
huí	回
xuéxí	学习

능원동사(조동사)

néng	能

대사(대명사)

shuí (shéi)	谁
shénme	什么

연사(접속사)

hé	和

- 3성

명사

huǒchēzhàn	火车站
Běijīng	北京
nǚ'ér	女儿
lǎoshī	老师
xiǎojiě	小姐

shuǐ	水
mǐfàn	米饭
shuǐguǒ	水果
gǒu	狗
yǐzi	椅子
lǐ	里
diǎn	点

동사

qǐng	请
xiě	写
dǎ/diànhuà	打/电话
mǎi	买
xǐhuan	喜欢
xiǎng	想
yǒu	有

형용사

hǎo	好
xiǎo	小
shǎo	少
lěng	冷

대사

wǒ	我
nǐ	你
wǒmen	我们
nǎ	哪
nǎr	哪儿
zěnme	怎么
zěnmeyàng	怎么样

양사
běn	本

부사
hěn	很

- 4성

명사
fànguǎn	饭馆
shàng	上
xià	下
hòumiàn	后面
xiànzài	现在
bàba	爸爸
cài	菜
diànshì	电视
diànnǎo	电脑
diànyǐng	电影
Hànyǔ	汉语
zì	字
Hànzì	汉字

회화 표현
A: Xièxie.	谢谢。
B: Búkèqi.	不客气。
A: Duìbuqǐ.	对不起。
B: Méiguānxi.	没关系。
Zàijiàn!	再见!

동사

shì	是
kàn	看
kàn//jiàn	看//见
jiào	叫
qù	去
shuì/jiào	睡/觉
zuò	做
zuò	坐
zhù	住
xià/yǔ	下/雨
ài	爱
rènshi	认识

능원동사(조동사)

huì	会

형용사

rè	热
piàoliang	漂亮

대사(대명사)

zhè	这
zhèr	这儿
nà	那
nàr	那儿

양사

ge (명사로 쓰이면 gè)	个
suì	岁
kuài	块

부사
tài　　　　　　　太

탄사(감탄사)
wèi　　　　　　喂

수사(숫자 종합)
líng　　　　　　零
yī　　　　　　　一
èr　　　　　　　二
sān　　　　　　三
sì　　　　　　　四
wǔ　　　　　　五
liù　　　　　　　六
qī　　　　　　　七
bā　　　　　　　八
jiǔ　　　　　　　九
shí　　　　　　　十

발음성조편 1강

1강
중국어는 우리와
말하는 순서가 같다!

한국:
내가 본다.
중국:
나 - 보다.

한국:
내가 오늘 본다.
중국:
나 – 오늘 – 보다.

한국:
오늘 내가
집에서 본다.
중국:
오늘 – 나 –
집에서 – 보다.

한국:
오늘 나는 집에서 친구랑 본다.
중국:
오늘 - 나 - 집에서 - 친구랑 - 보다.

이것이 한국인이 중국어를 잘 말 할 수밖에 없는 이유입니다.

발음성조편 1강

이렇게 고마운
중국어,
반드시
이번 기회에
충실한 내 친구로
만들어 봅시다~!!

발음성조편 2강

2강
중국어의 목적어는 맨뒤로 보내세요!

목적어(~를/을)가 없는 문장은 우리말과 같이!

한국: 내가 본다.
중국: 나 - 보다.

한국: 오늘 나는 집에서 본다.
중국: 오늘 - 나 - 집에서 - 보다.

목적어(~를/을)가 있으면
목적어부분만 뒤로!

한국: 내가 너를 본다.
중국: 나 - 보다 - 너.

한국:
오늘 나는 집에서 너를 본다.
중국:
오늘 - 나 - 집에서 - 보다 - 너.

중국어에는
'~은/는/이/가/
을/를/에/에는'
이 없어요.

그래서 중국어는
단어가 놓이는
위치가 바로
문법입니다.
앞에 있으면 '주어',
뒤에 있으면 '목적어'!!

또한 중국어는
동사어미변화
(～하고, ～해서, ～하므로,
～하는데, ～하지만 등)
가 없어요.

무조건 기본형(~하다)으로만
쓰면 됩니다.

가고 → 가다

가서 → 가다

가므로 → 가다

가는데 → 가다

간단하죠?!!
이게 바로
중국어
입니다.

발음성조편 3강

3강
중국어에 없는 것들

'~은/는/이/가/
을/를/에/에는'
이 없어요.
: 앞에 있으면 주어,
뒤에 있으면 목적어에요.

존댓말이 없다.
: 먹다, 드시다, 잡수시다.
를 하나의 단어
'먹다'로 사용해요.

인칭변화가 없다.
: 1, 2, 3인칭에 따라
is, are, am을
골라 쓰지
않아도 되요^^

시제변화가 없다.
: **과거/현재/미래**
등에 따른
삼단변화의
압박감에서 해방~!!

동사나 형용사의 어미변화가 없다.
: '**가고, 가서, 가며,
가므로, 가는데…**'
가 하나의 단어
'**가다**'로 씁니다.

단수/복수 변화가 없다.
: 나와 우리, 그와 그들…
에 쓰는
동사가 같아요.

정관사/부정관사,
관계대명사 등의
골치 아픈
문법도 없어요.
: 정말이다, 너무 고맙다!

발음성조편 4강

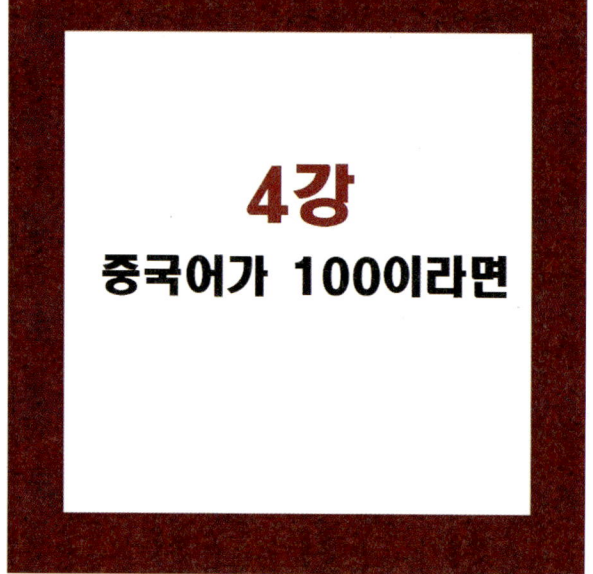

4강
중국어가 100이라면

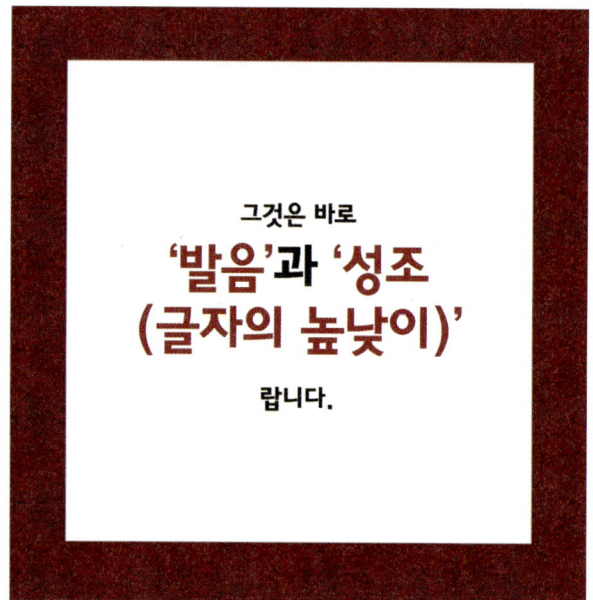

그것은 바로
**'발음'과 '성조
(글자의 높낮이)'**
랍니다.

나머지
20%가
발음과 **성조**를
제외한
'모든 중국어'
입니다.

그렇다면
나머지 20%를
다시 **100%**로 놓고
그 중의 **80%**를 차지하는
주요부분은
뭘까요?

그건 다름 아닌
'단어의 위치'
입니다.

핵심단어의 위치만
잘 알고 계시다면

발음과 성조만
완벽하다면!

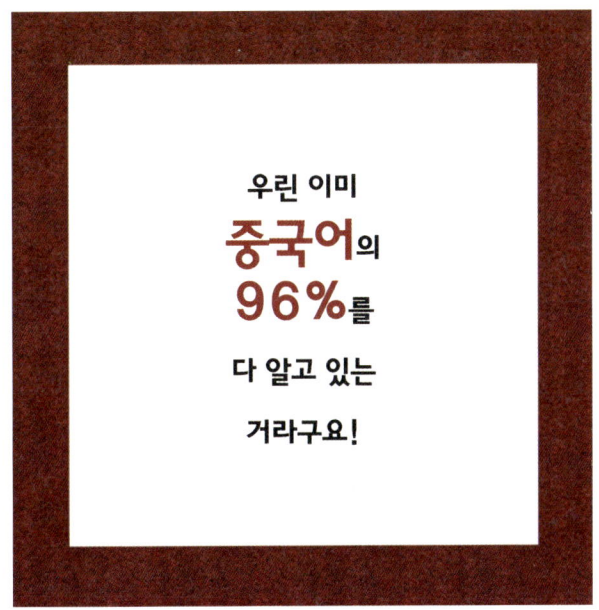
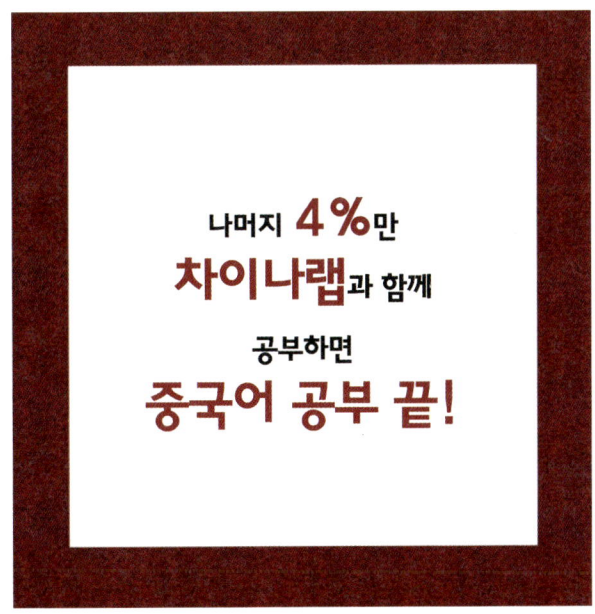

발음성조편 4강

전체 중국어 100% 중 96%만으로도 충분히 **중국인과 소통**할 수 있습니다.

발음성조편 5강

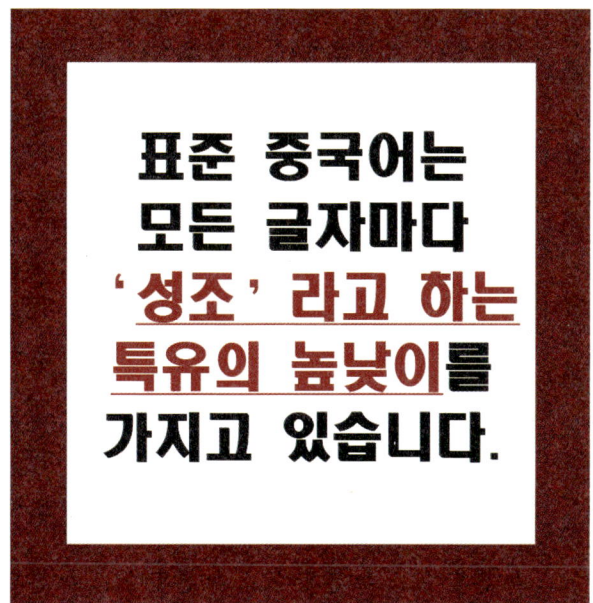

1성은
높은 곳에서 내는
'쭉→' 하는 느낌으로
소리 냅니다.
표시는 ― 로
합니다.

2성은
낮은 곳에서
높은 곳으로
'쑥↑' 하고 올립니다.
표시는 / 로 합니다.

발음성조편 5강

3성은
낮은 곳에서 '꾹﹍'
하고 누르면서
내는 소리입니다.
<u>표시는 V 로</u> 합니다.

혹시 3성의 모양이
V자 모양이라
소리도 그렇게 내야
하지 않느냐고
생각하는 분들 계세요?

중국인들은 말할 때
3성은 '아랫소리,
낮은 부분만'
소리 냅니다.
이를 '반3성'
이라고 말하는데요.

우리 차이나랩
<3분 중국어>에서는
모든 3성은 중국인처럼
반3성으로
발음할 것입니다!!

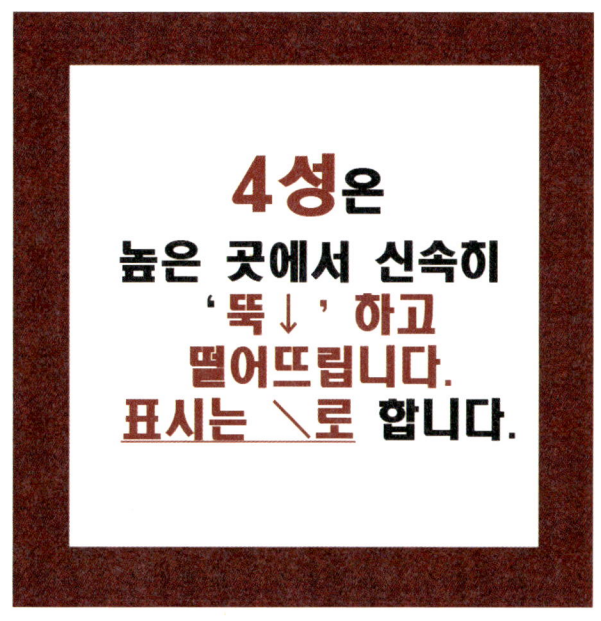

한 글자에 모음이
여러개 있으면
입을 크게 벌리는
모음 위에
표시하면 됩니다.

모음 i 위에 성조를
표시할 때는
위의 점을 없애고
성조표기를 해주세요.

(예 : bī pí mǐ dì)

발음성조편 6-1강

6-1강
모든 **모음**은 혀를 바닥에 자연스럽게 **내려 둔 상태**로 발음해야 하며, **발음연습**은 보통 **1성**(쭉 →)으로 합니다.

성조표시도 모음 위에 합니다.
모음이 여럿이면 입을 크게 벌리는 모음
(a > o, e > i, u, ü)
위에 합니다.

대표적인 **모음**에는
a 〉 o, e 〉 i, u, ü
가 있는데요,
발음 요령을 알아볼까요?

a는
혀를 자연스럽게
바닥에
깔아둔 상태로
'**아 →**' 하세요.

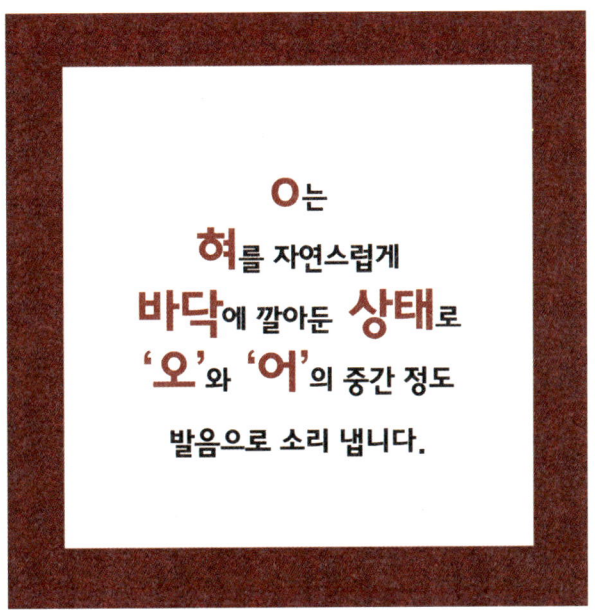

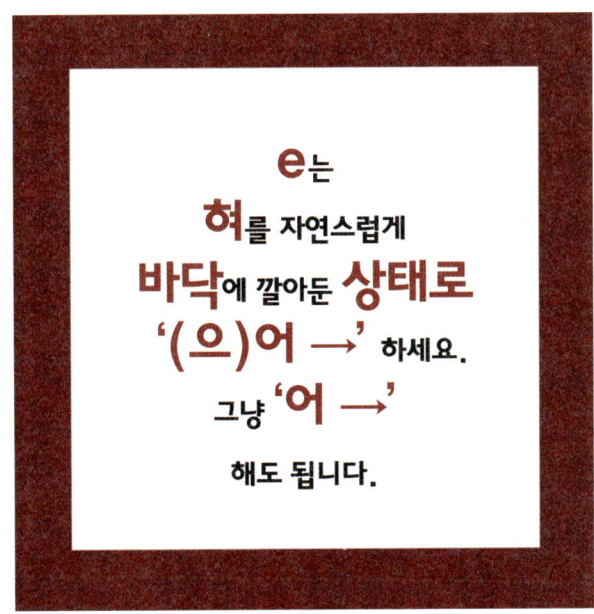

i 는
혀를 자연스럽게
바닥에 깔아둔 **상태**로
'**이** →' 합니다.

※ 'i' 홀로 한 글자의 발음이 될 때는 'yi'로 표기합니다. 'i' 가 자음 없이 발음의 맨 앞에 오면 'y'로 써 주세요.

(예: iou → you, ie → ye)

---

u 는
혀를 자연스럽게
바닥에 깔아둔 **상태**로
'**우** →' 합니다.

※ 'u' 홀로 한 글자의 발음이 될 때는 'wu'로 표기합니다. 'u' 가 자음 없이 발음의 맨 앞에 오면 'w'로 써 주세요.

(예: uo → wo, uan → wan)

발음성조편 6-1강

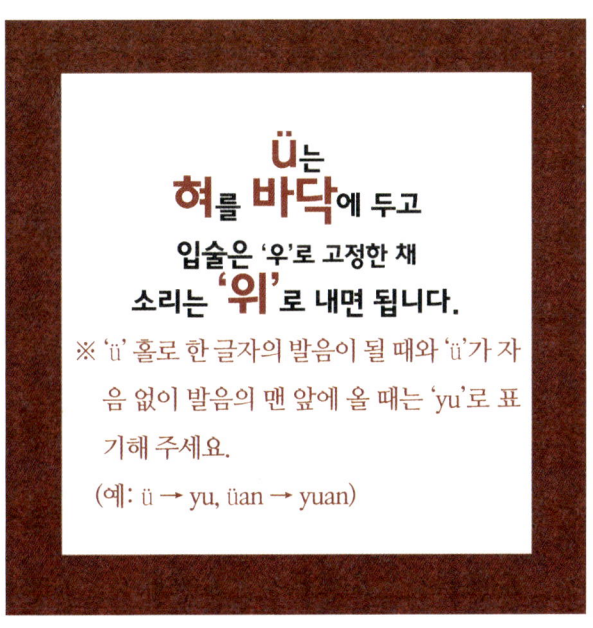

발음성조편 6-2강

6-2강
모음 발음연습
ai/ ei/ ao/ ou/ an/ en/ in/ ang/ eng/ ing/ ong/ er

ai는
혀를 자연스럽게
바닥에 깔아둔
상태로
'아이 →' 하세요.

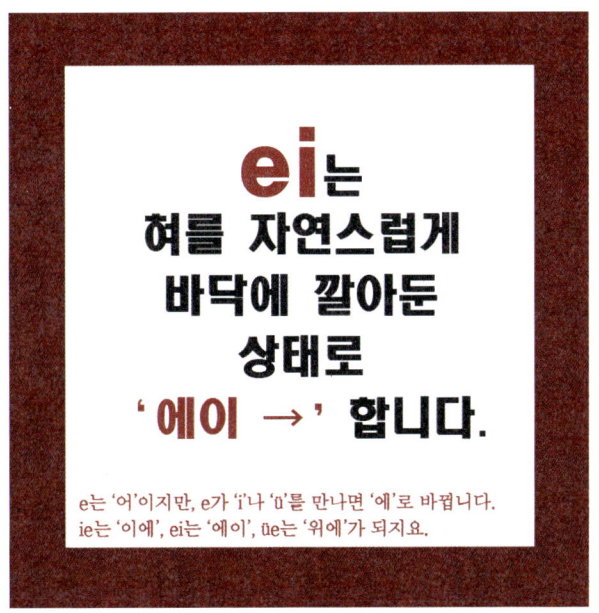

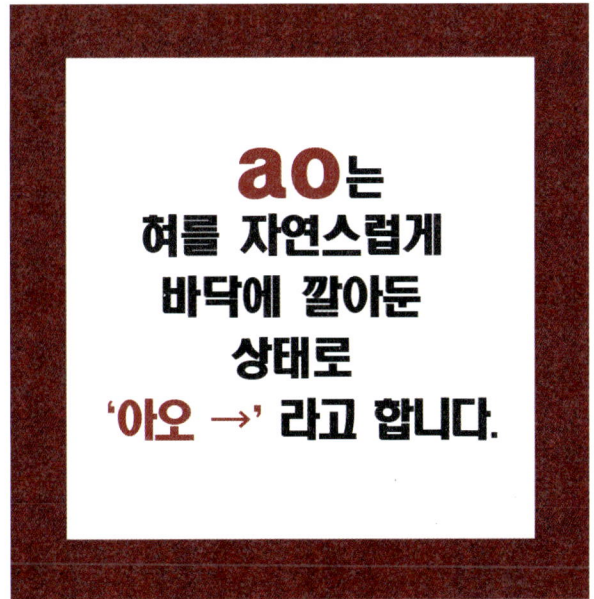

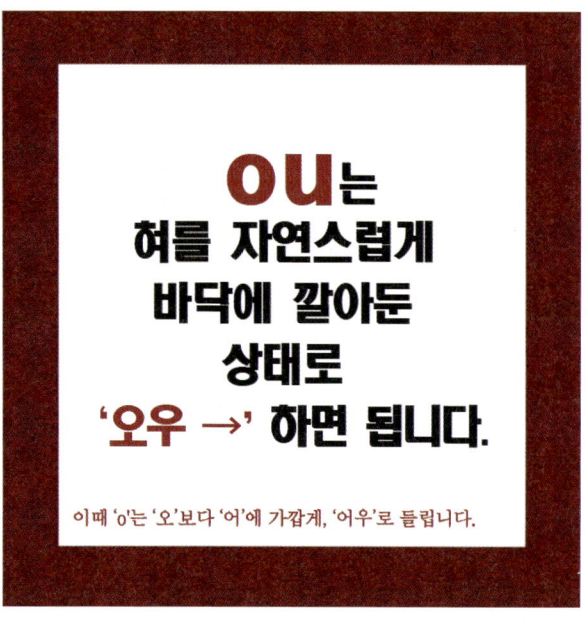

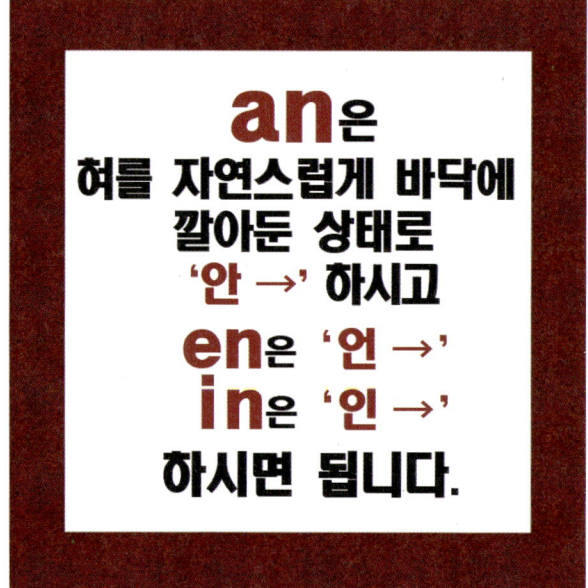

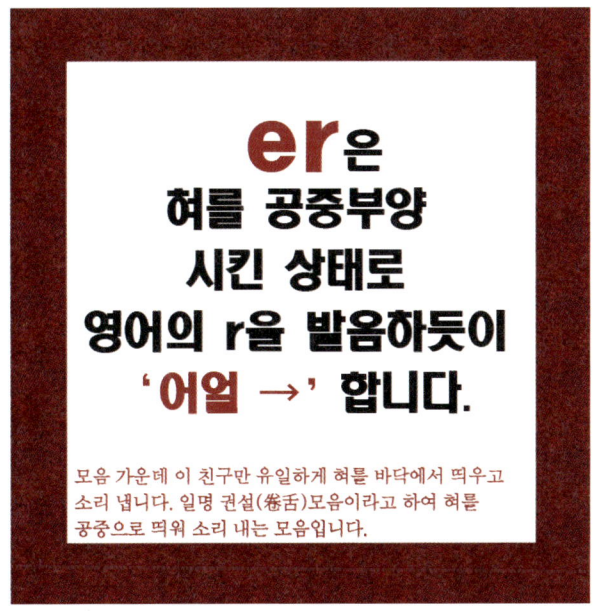

어려서부터 **알파벳에 익숙한** 우리나라 사람들은 따로 말씀 드리지 않아도 발음을 보고 소리 낼 수 있을 거예요.

우리가 알고 있던 것과 같은 것은 그대로, 우리가 알던 것과 다른 발음, 변화되는 부분은 눈여겨 봐주세요!

다만,
발음할 때마다 혀의 위치는
꼭 신경 써 주실 것을
다시 한 번 **강조**합니다!!

발음성조편 7-1강

7-1강
자음①
b/p/m/f,
d/t/n/l,
g/k/h

자음은 혼자 소리 나지 않습니다.

모음이 있어야 소리가 나요.

중국어에는 21개의 자음이 있습니다.

중국어는 성조가
있는 언어입니다.

반드시
'큰소리로, 또박또박'
소리 내어
연습해주시기 바랍니다.
꼭이요!!

b는 'ㅃ'
p는 'ㅍ'
m는 'ㅁㅁ'
f는 그대로 f

이 자음들은 모음 'o'를 붙여서 연습해주세요.

발음성조편 7-1강

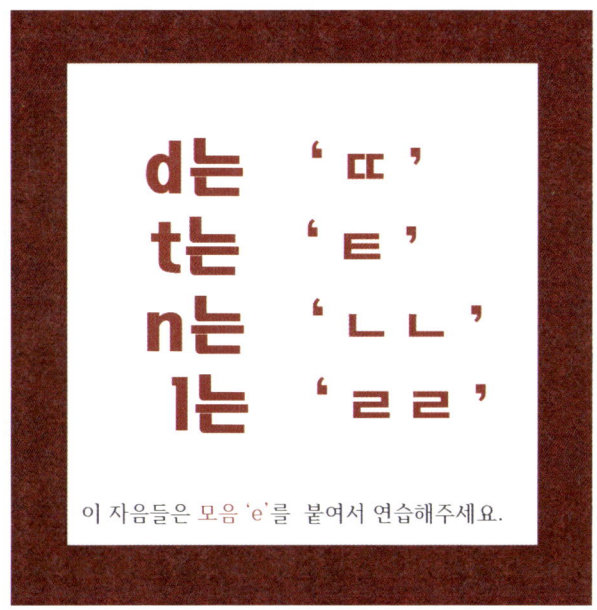

척 보기에는

알파벳으로 되어 있어서
알파벳 발음처럼 하면
될 것 같지요?

그런데 그렇지 않습니다.
우리 한국어의 자음발음과
훨씬 더 가깝습니다.

단,

우리말 자음보다
더 세게 발음해야 합니다.

보가 아니라 '뽀'
더가 아니라 '떠'

이런 식으로 말이지요.

발음성조편 7-1강

알파벳을 이용해서 표기하는 이러한 중국어 발음을

중국인들은 '**병음**' 이라고 부릅니다.

이제부터 알파벳이라고 하지 마시고
'**병음**' 이라고 불러주세요.

발음성조편 7-2강

7-2강
자음②
j/q/x

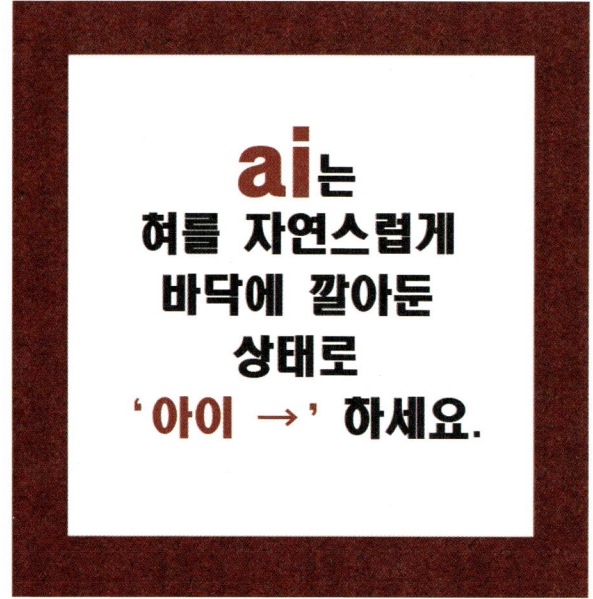

ai는 혀를 자연스럽게 바닥에 깔아둔 상태로 '아이 →' 하세요.

'j/q/x'는
우리말 발음
'지/ 치/ 시'
와 같아요.

j는 지, q는 치
x는 시 입니다.

그런데 요 세 녀석들은
낯가림이 심해서
모음 중에 'i / ü'
하고만 만날 수 있습니다.

a/o/e/u랑은 놀지 않아요.
아주 까다로운 친구들이지요.

그러니까
ja/ qa/ xa 라든가
jo/ qo/ xo,
je/ qe/ xe,
ju/ qu/ xu 등의
발음은
중국어에는 없는 거예요.

알파벳에 없는 ü를
표기하는데 번거로움이 있어
표기상의 편의를 위해
중국인들이
묘안을 마련했어요.
j/q/x 뒤에 오는 ü는 u로
표기하기로요.

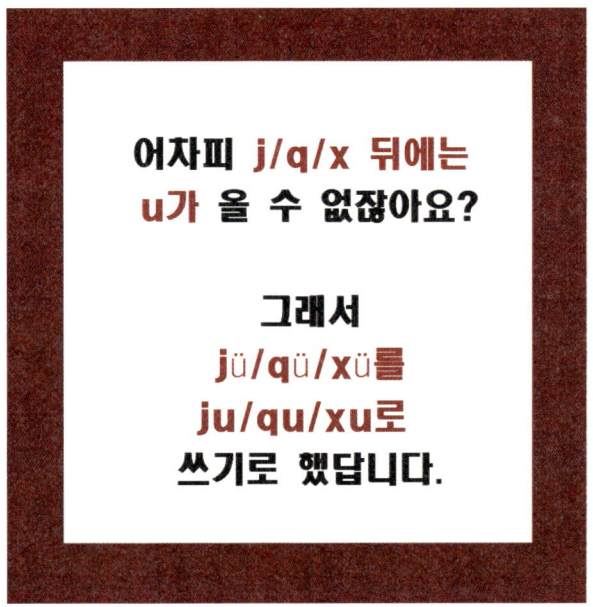

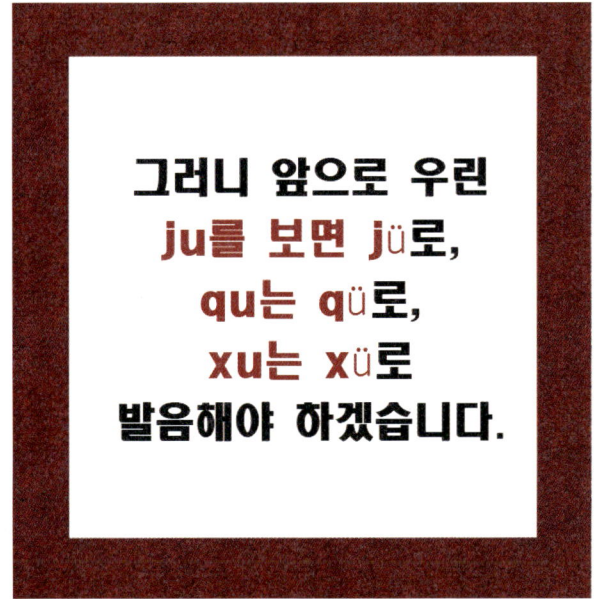

발음성조편 7-2강

ju를 보고 '주' 라고
속지 마세요, jü랍니다.
qu를 보고 '큐' 라고
속지 마세요, qü거든요.
xu를 보고 '수' 라고
속으셔도 안 돼요.
xü니까요!

발음성조편 7-3강

7-3강
자음③
zh/ch/sh/r

우리에게도 영어나
일본어에도 없는
중국어 특유의 발음
혀를 위로 말아 올리는
발음이라고 하여
'**권설음**'이라고
합니다.

모음의 er을
기억하시지요?

모음 'er' 처럼
혀를 공중에 띄우고
발음하는 것이

이 **권설음의**
발음요령이에요.

zh

혀를 공중에 띄워놓고
혀끝을 입천장에
살짝 데었다가 떼면서
'즈~' 라고 소리
내면 됩니다.

발음성조편 7-3강

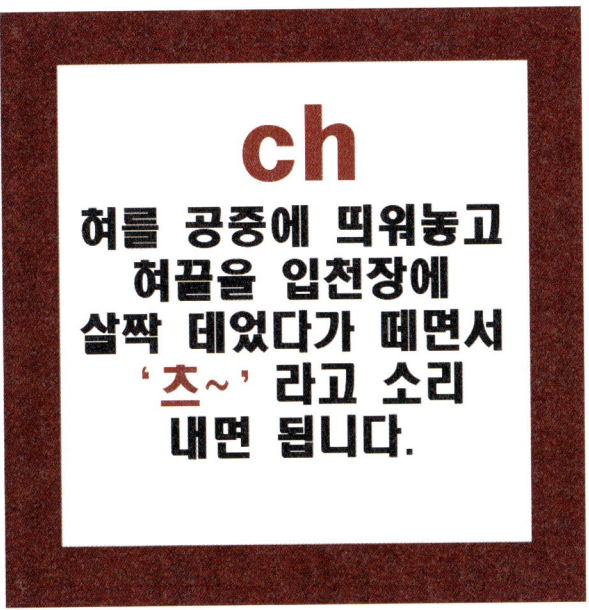

r
혀를 공중부양한 상태에서 그대로 '르~' 합니다.

이 발음할 때 '르'라는 발음이 정확히 안 나와도 됩니다.
우리글로는 표현할 수 없는 발음이에요.
혀의 위치만 공중에 떠있으면 완벽한 소리가 날거예요.

이 권설음을 연습하다보면 발음을 맞게 하는지 잘못하고 있는지 혼자서는 스스로 확인할 수가 없어요. 정확한 발음을 모르니까요.

발음성조편 7-3강

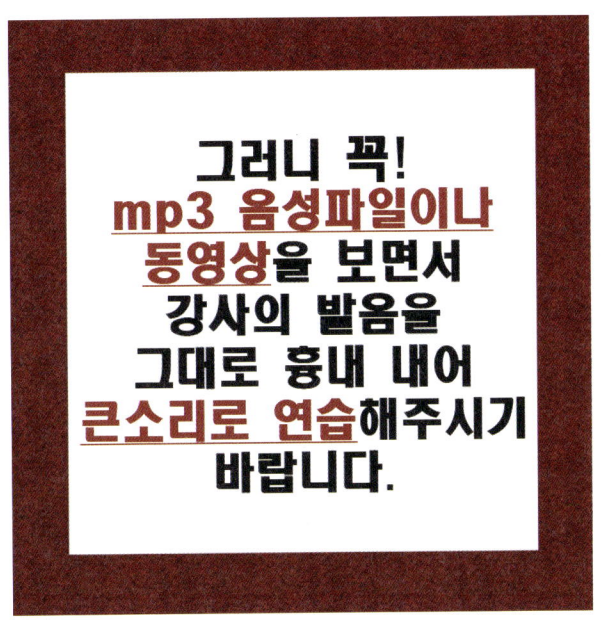

그러니 꼭!
mp3 음성파일이나 동영상을 보면서
강사의 발음을
그대로 흉내 내어
큰소리로 연습해주시기
바랍니다.

발음성조편 7-4강

7-4강
자음④
z / c / s

마지막 자음 z/c/s는 혀와 이를 마찰하여 소리를 내기 때문에 '설치음'이라 부르며 윗니와 아랫니를 살짝 물고 '쓰~~~'라고 연습하면 쉽게 하실 수 있어요.

자, 그럼 발음요령을
배워봅시다.

<u>설치음도 우리말 발음과는
약간 차이</u>가 있으니

처음에 잘 익혀두시는 것이
유리하겠습니다.

z

윗니와 아랫니를
살짝 다물고서
혀와 이의 마찰하는
힘으로 '쯔~~' 라고
소리 내세요.

s

윗니와 아랫니를
살짝 다물고서
혀와 이의 마찰하는
힘으로 '쓰~~'라고
소리 내세요.

이 's' 발음이 설치음 중에서 우리 한국인이
흉내 내기에 가장 쉬운 발음이므로 설치음을 연습할 땐
이 발음으로 제일 먼저 훈련하면 좋습니다.

c

윗니와 아랫니를
살짝 다물고서
혀와 이의 마찰하는
힘으로 'ㅊㅊ~~'라고
소리 내세요.

'쌍치읓'을 발음한다는 느낌으로 소리 내면
조금 더 편하게 발음할 수 있어요.

그리고 꼭 기억해야 할
중요한 정보!

자음은 모음 없이는
소리가 나지 않잖아요?

그런데 자음 중에서
zh/ch/sh/r와 z/c/s
위의 7가지 자음은
혼자서도 소리가 납니다.

이 7가지 자음이
모음 없이 홀로 사용될 때
우린 모음 'i'를
자음들 뒤에 붙여야해요.

알파벳이라는
특성상 모음이 없으면
완성미가 없기 때문입니다.

zhi는 zh가 혼자 쓰인 것이고, **chi는 ch, shi는 sh, ri는 r라는 것**을 정확하게 이해해야 권설음과 설치음을 소리 낼 수 있겠습니다.

발음성조편 8강

8강
'경성'을 아시나요?

경성이란?
글자 원래의 정해져 있는 **높낮이(성조)**를 무시하고
자연스럽고 편안하게, **가볍고 짧게 발음**하는 성조를 말합니다.

경성으로 발음하는 경우는

1) 같은 글자가 두 번 반복되어 하나의 단어가 될 때의 뒷 글자,

2) '의문, 명령, 과거'의 표현, 특정 위치에서 역할을 하는 조사

3) 접미사로 사용되는 글자 등이 있습니다.

경성의 발음요령이
별도로 정해져 있는 것은 아니며
중국인들은 자연스럽게
무의식적으로 소리 내는 **경성**을

외국인인 우리 입장에서는
배워야 익숙해지기 때문에
보편적인 방법을 **소개**해드려요~!

1성과 **2성** 뒤의 경성은 편하게 아래로 떨어뜨리면서 **소리** 냅니다.

예) 마1마 / 꺼1거 /
예2예 /
ㄹ라이2ㄹ러

3성 뒤의 **경성**은 편하게 위로 올리면서 **소리** 냅니다.

예) 나이3나이
지에3지에

발음성조편 8강

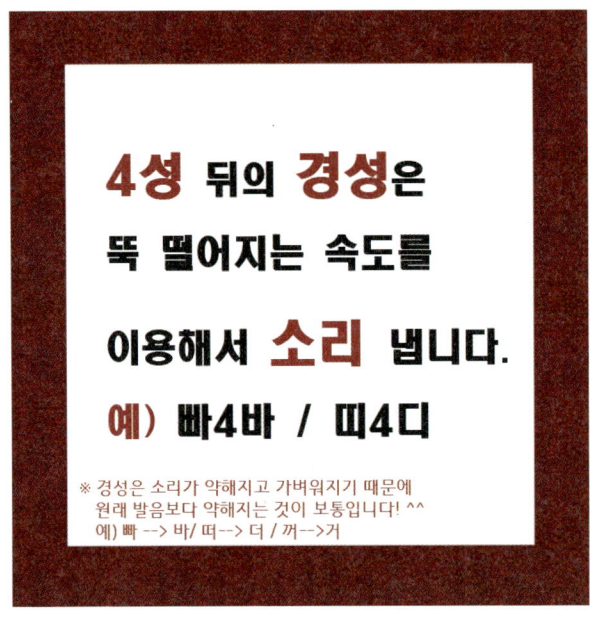

발음성조편 9강

9강
문법이냐 어법이냐!
이것이 문제로다!

문법이란?
문장의 **법칙**을
말합니다.

어법이란?
단어의 **법칙**을
말하지요.

문장의 법칙을
파악하기 위해서는

인칭변화, 시제변화,
단/복수 변화, 존댓말,
관계대명사, 관사....등을

모두 이해해야 합니다.

어법의 법칙은

그 언어의 어순(단순나열)만 알고, 단어의 위치와 그 단어의 쓰임만을 알면 바로 대화가 통하는

세상에서 가장 쉽고 **단순한 법칙**입니다.

그런데 **중국어**는 '**문법**' 이 아닌 '**어법**' **만이 존재**하는 언어이며,

그 어법의 가장 중요한 법칙인 '**어순**' 이 우리말과 기본적으로 **같습니다**.

목적어만 뒤로 보내면 말이지요.

안 배우면 손해 보는 언어, 중국어! 나만 알고 싶은 **차이나랩 3분중국어!!**

이 **기회**를 놓치지 마세요!

절대로~~!!! ㅎㅎ

발음과 **성조**를 모두 마스터하신 분들은 이제 자신 있게 **매주 목요일** 업데이트 되고 있는 유지현 선생님의 **<중국어 한마디>** 시리즈를 1강부터 순서대로 공부해 **중국어 고수**로 가는 지름길을 만나시기 바랍니다~

PS **고맙**습니다!!